Basiswissen

Politik / Geschichte / Ökonomie

Andreas Wehr

Die Europäische Union

PapyRossa Verlag

Eine Übersicht aller Titel der PapyRossa-Reihe
Basiswissen Politik / Geschichte / Ökonomie
finden Sie unter shop.papyrossa.de/basiswissen

3., grundlegend aktualisierte und erweiterte Auflage 2018
2., aktualisierte und erweiterte Auflage 2015
1. Auflage 2012

Luxemburger Str. 202, D-50937 Köln

Tel.: +49 (0) 221 – 44 85 45
Fax: +49 (0) 221 – 44 43 05
E-Mail: mail@papyrossa.de
Internet: www.papyrossa.de

Umschlag: Willi Hölzel, luxsiebenzwoplus
Druck: Interpress

Die Deutsche Nationalbibliothek verzeichnet diese Publikation in der Deutschen Nationalbibliografie; detaillierte bibliografische Daten sind im Internet über http://dnb.d-nb.de abrufbar

ISBN 978-3-89438-498-2

Inhalt

I. Europa – Was ist das?

Wird von der Europäischen Union (EU) gesprochen, wird sie mit Europa in eins gesetzt. So heißt es: »Ein Staatschef bekennt sich zu Europa« oder das »Beitrittsland strebt nach Europa«, wenn sich ein Staatschef für die EU ausspricht oder ein Land den Wunsch hat, ihr beizutreten. Es ist vergebliche Mühe, darauf hinzuweisen, dass die Europäische Union keineswegs mit dem Kontinent Europa identisch ist. Diesen Erdteil teilen sich 50 Staaten aber nur 28 von ihnen, und damit gut die Hälfte, gehören zur EU. Außerhalb befinden sich solch große Länder wie Russland, die Türkei und die Ukraine. Mit dem für 2019 vorgesehenen Austritt aus der Union wird bald auch Großbritannien zu ihnen zählen. Die Staaten der EU bedecken eine Fläche von 4,38 Millionen Quadratkilometer, der gesamte Kontinent Europa ist hingegen mit 10,5 Millionen Quadratkilometer mehr als doppelt so groß. Die Einwohnerzahl der EU beträgt 507 Millionen, die des gesamten Kontinents 741 Millionen Menschen. Wenn im Folgenden dennoch Europa steht, wo die EU gemeint ist, so soll lediglich dem allgemeinen Sprachgebrauch gefolgt werden.

Eine Geschichte Europas?

Die EU hat keine Geschichte, wie sie Nationalstaaten besitzen. Zwar bemüht man sich, eine Erzählung zu konstruieren, nach der die Entstehung der Union wie eine logische Schlussfolgerung der Geschichte erscheint. Wie bei der Geschichtsschreibung eines Nationalstaats werden auch hier einzelne Ereignisse, bedeutende Persönlichkeiten und bestimmte Denk- und Handlungsweisen zu einem neuen Mythos, eben zu einem europäischen, verdichtet. Einer solchen Legitimationsbildung dient das »Haus der europäischen Geschichte« in Brüssel.[1] Und ihr dient der seit 1950 von der Stadt Aachen vergebene Karlspreis an Politiker und Institutionen, die sich um »die europäische Einheit verdient gemacht« haben.[2] Ein anderer Versuch einer Identitätsbildung stellte die Buchreihe *Europa bauen* dar, die der deutsche Verlag C. H. Beck zusammen mit vier anderen europäischen Verlagen herausgab.[3]

Wenn es denn überhaupt eine eigene, gemeinsame europäische Geschichte gibt, so ist sie von Beginn an eine Weltgeschichte: »Der Prozess des Werdens der Weltgeschichte und der Vereinheitlichung der Erde ist erkennbar die Geschichte ihrer ›Europäisierung‹. Es ist der Prozess, in und mit dem die ungleichmäßige Entwicklung der regionalen Gesellschaften auf einen bestimmten, sich zugleich verändernden Entwick-

1 Über das Konzept dieses Geschichtshauses heißt es: »Und natürlich wird die europäische Geschichte vornehmlich als Straße in Richtung EU betrachtet.«, in: Frankfurter Allgemeine Zeitung vom 26.1.2012

2 Der heutige Kult um Kaiser Karl den Großen als angeblich erster großer Europäer geht auf Napoleon Bonaparte zurück. Er versuchte die Öffentlichkeit in den von seinen Truppen besetzten deutschen Gebieten mit dem ideologischen Feuerwerk des Karlsmythos zu beeindrucken und erklärte sich zum Rechtsnachfolger Karls des Großen, vgl. Presser, 1979, S. 204f

3 Die ideologische Absicht der Schaffung eines europäischen Mythos war dabei unübersehbar. In einer Kritik der Buchreihe heißt es: »Würde man im pompösen Geleitwort von Jacques le Goff ›Europa‹ durch ›unsere Nation‹ ersetzen, wäre man schon dem Klang jener wissenschaftlichen Predigten nahe, die nationalistische Historiker um 1900 gerne gehalten haben.«, vgl. Frankfurter Allgemeine Zeitung vom 2.10.2010

lungsnenner weltgeschichtlich eingeholt und aufgehoben wird (…).«[4]

Die mystische Suche nach der »verlorenen Einheit Europas«[5] ist daher in einem doppelten Sinne vergeblich und unsinnig, denn ein ursprüngliches Europa als politische und kulturelle Einheit hat es zum einen nie gegeben, und zugleich wird die wirklich einigende Tat Europas übersehen. Sie besteht in der geschichtlichen Tatsache, dass sich auf diesem Kontinent – unter Ausbeutung der restlichen Welt – die kapitalistische Produktionsweise herausgebildet hat, die die Existenz der gesamten Menschheit bis heute prägt. »Undialektisch von einer ›europäischen Identität‹ zu reden, hat keinen geschichtlichen Boden. Auch wenn keine ›blutsmäßige‹ oder spirituell konstituierte europäische ›Rasse‹ präsentiert wird – die gängige und eingängige Formel von der ›europäischen Identität‹ ist ebenso irreal wie irrational und demagogisch.«[6]

Das Europa der Romantiker

Es waren die Dichter und Politiker der Romantik, die zu Beginn des 19. Jahrhunderts eine irreale wie irrationale europäische Identität erfanden. »Das 1799 zu Beginn der napoleonischen Herrschaft beschworene, unhistorisch gesehene, mythisierte, um Jahrhunderte zurückliegende Mittelalter des Novalis und das nach dem Zusammenbruch des Bonapartismus geschaute, utopische, Jahrhunderte voraus liegende Zeitalter eines befriedeten Kontinents markieren jene Extrempole einer Skala, in deren Bereich sich die visionären Europa-Vorstellungen der europäischen Romantiker bewegen.«[7]

---

4 Gudopp-von Behm, 2008, S. 21

5 Gehler, 2010, S. 52

6 Gudopp-von Behm, 2008, S. 19

7 Lützler, 1982, S. 30

Novalis beginnt seinen berühmten Text *Die Christenheit oder Europa* mit dem Satz: »Es waren schöne glänzende Zeiten, wo Europa ein christliches Land war, wo *Eine* Christenheit diesen menschlich gestalteten Welttheil bewohnte, *Ein* großes gemeinschaftliches Interesse verband die entlegensten Provinzen dieses weiten geistlichen Reichs.«[8] Am Schluss beschreibt er die europäische Bestimmung: »Die andern Welttheile warten auf Europas Versöhnung und Auferstehung, um sich anzuschließen und Mitbürger des Himmelreichs zu werden.«[9] So denkt auch Friedrich Schlegel. Er lebt am Beginn des 19. Jahrhunderts im revolutionären Paris und gibt dort die Zeitschrift *Europa* heraus, 1808 konvertiert er in Köln zum Katholizismus. »Schlegel stilisiert – ähnlich wie Novalis – im Zuge seiner Mittelalterverklärung den Papst zum schiedsrichterlichen Friedensfürsten der mediävalen Christenheit. Anfang der zwanziger Jahre ediert er die Zeitschrift *Konkordia*, die der christlich-abendländischen Erneuerung Europas im Sinne Roms dienen sollte.«[10]

Das Denken der Romantiker bestimmt noch heute das Bild von Europa. Von ihnen stammt der Begriff des »christlichen Erbes Europas«, sie sprachen vom »Abendland« und sie beschworen die bis heute wirksame Ausgrenzung der islamischen Welt, und hier vor allem der Türkei, als einer nichteuropäischen Kultur. Und ohne sie hätte es 2004 im Europäischen Konvent wohl kaum eine Diskussion darüber gegeben, ob in den Vertrag über eine europäische Verfassung ein Gottesbezug gehört.[11]

---

8 Novalis, 2010, S. 57

9 Lützler, 1982, S. 78

10 Lützler, 1982, S. 38

11 Auch die Bundesrepublik Deutschland hatte einen solchen Gottesbezug immer wieder eingefordert. So erklärte der Deutsche Bundesrat in seinem Beschluss zum Reformvertrag, aus dem der Lissabonner Vertrag hervorging: »Er nimmt mit Bedauern zur Kenntnis, dass dieses Anliegen (die Aufnahme des Gottesbezugs in das europäische Vertragswerk, A. W.) auch in die Verhandlungen der jetzigen Regie-

Das Europa des Imperialismus

Das Europa der Romantiker blieb zwar ideologisch bedeutsam, politisch aber machtlos, da rückwärtsgewandt und auf das längst vergangene Mittelalter fixiert. Das 19. Jahrhundert hingegen wurde in Europa zum Zeitalter des Liberalismus, des Freihandels, der Nationen und Nationalstaaten. Erst als mit dem Monopolisierungsprozess der kapitalistischen Ökonomien im Übergang zum 20. Jahrhundert Liberalismus und Freihandel lästig wurden, erinnerte man sich wieder der Europa-Idee. Den imperialistisch gewordenen großen Staaten des Kontinents diente sie zur Legitimation ihrer Überlegenheit gegenüber kleineren Ländern. Vor allem in Deutschland wurden seit dem Ende des 19. Jahrhunderts immer neue Europakonzepte entwickelt, die alle nur dem einen Zweck dienten, die imperialistische Expansion des Deutschen Reiches zu rechtfertigen.[12] Ein die Freiheitsrechte kleiner Völker achtender Liberalismus störte dabei nur. In seinem Aufsatz *Das Ideal der Freiheit* von 1908 kritisiert Friedrich Naumann den »älteren deutschen Liberalismus« als nicht mehr zeitgemäß: »Jeder Protest gegen irgendeine Fremdherrschaft gilt von Haus als berechtigt. Das ist der Internationalismus der früheren Demokratie, die für die Entwicklung des staatlichen Großbetriebes noch kein Verständnis hatte. Es ist weltpolitische Kleinstaaterei, eine Gesinnung, die nichts anderes ist als die Übertragung des Kleinbürgergeistes und seiner Kleinlichkeit auf die Verhältnisse der Staaten. Die Geschichte selbst hat aber längst gegen diesen Geist entschieden. Man mag sie als hart und kalt schelten, das wird ihr gleich sein, denn sie ist in der Tat gefühllos. Die Geschichte lehrt, dass der

---

rungskonferenz zur EU-Vertragsreform nicht mit Aussicht auf Erfolg eingebracht werden kann.«, vgl. Beschluss des Bundesrates vom 12.10.07, Drucksache 569/07

12 Vgl. dazu die umfangreiche Sammlung von Dokumenten in Opitz, 1977

Gesamtfortschritt der Kultur gar nicht anders möglich ist als durch Zerbrechung der nationalen Freiheit kleinerer Völker.«[13] Was Naumann 1908 als »staatlichen Großbetrieb« bezeichnete, ist heute die Europäische Union.

Nach dem Faschismusforscher Reinhard Opitz bilden sich am Anfang des 20. Jahrhunderts in Deutschland zwei »europastrategische Hauptlinien des deutschen Kapitals« heraus. Die eine, vorwiegend vom schwerindustriellen Kapital getragene Linie ist führend an der Gründung des ›Alldeutschen Verbandes‹ (zunächst ›Allgemeiner Deutscher Verband‹) im Jahre 1891 beteiligt. Die Alldeutschen propagieren die Expansion nach Westen, die Annexion auch des französischen Teils Lothringens, von Luxemburg und selbst von Teilen Belgiens. Die dortigen Kohle- und Erzgruben sollen unter Kontrolle des deutschen Kapitals kommen. Die andere Linie wird vom neuindustriellen Kapital getragen. An der Spitze stehen die Deutsche Bank und die mit ihr verbundenen Chemie- und Elektrokonzerne. Ihren politischen Ausdruck findet diese Richtung in der Gründung des ›Mitteleuropäischen Wirtschaftsvereins‹ im Jahre 1904. Er orientiert auf die politische und schließlich auch militärische Expansion in Richtung Balkan und Nahost, dort, wo das begehrte Erdöl zu holen ist.

Im Ersten Weltkrieg verschmelzen die Kriegszielvorstellungen dieser beiden Kapitalfraktionen. Nach der Niederlage des Deutschen Reiches erhalten die beiden Europastrategien Konkurrenz. »Als eine eigentümlich neuartige Linie kommt zu ihnen ab 1923 die Paneuropa-Konzeption des Grafen Coudenhove-Kalergi hinzu, die in Deutschland für etwas damals noch ganz außerhalb des Horizonts der meisten Kreise des deutschen Monopolkapitals Liegendes warb: ein zwecks gemeinsamer Expansion zu bildendes multinationales Konzern-Europa

13 Naumann, 1977a, S. 170

unter Ausschluss Englands und Russlands.«[14] Propagiert wird darin ein Europa, das von »Petsamo bis Katanga« reicht unter Einschluss eines »geschlossenen afrikanischen Kolonialreichs ›Europäisch-Westafrika‹ (Libyen, Französisch-Afrika, Angola, Kongo) plus ›zerstreuter Kolonien‹ in seinerzeit, französischem, belgischem, portugiesischem, italienischem und spanischem Besitz.«[15]

Nach Coudenhove-Kalergi sollten demnach zu Paneuropa weder Großbritannien noch die Sowjetunion, hingegen aber große Teile Afrikas gehören: »Während die Umwandlung Britanniens in ein ozeanisches Bundesreich Englands außereuropäische Interessen in den Vordergrund rückte – sagte sich Russland durch Proklamierung des Sowjetismus vom demokratischen System Europas los. (...) An die Stelle des Urals und Kaukasus trat die Grenze, die das Sowjetsystem von den europäischen Demokratien scheidet.«[16] Gezeigt wird hier, dass selbst die geografische Definition Europas immer eine politische ist. Für die Romantiker war das zaristische Russland noch selbstverständlich Teil Europas. Für Franz von Baader »erscheinen die geistigen Kräfte des russisch-orthodoxen Christentums als Quell der Erneuerung des Westens, dessen christliche Kultur durch die Französische Revolution unterhöhlt worden sei.«[17] Die Sowjetunion sollte aber nun nicht mehr zu Europa gehören, auch weil »im Staat Lenins (...) das Gebiet jenseits des Ural gleichberechtigter Teil des Landes geworden« ist.[18]

Ein zentraler Unterschied der neuen Paneuropa-Konzeption zu den bis dahin dominierenden expansionistischen deut-

---

14 Opitz, 1977, S. 33

15 Opitz, 1977, S. 33

16 Coudenhove-Kalergi, 1977, S. 33f

17 Lützler, 1982, S. 41

18 Gudopp-von Behm, 2008, S. 15

schen Strategien war, dass in einer solchen Vereinigung keine Grenzkorrekturen in Europa mehr möglich sein sollten, ausgenommen solche im Falle Russlands. »Auf diesen Gedanken konnten sich im Deutschland der zwanziger Jahre nur Vertreter von Konzernen einer Größenordnung einlassen, die garantierte, dass ihnen auch in der freiwirtschaftlichen Gemeinsamkeit eines solchen Großraums automatisch wieder die Führungsrolle werde zufallen müssen. Gerade aus dieser Höhensicht eines solchen Großraums aber war natürlich auch die Versuchung, die Umwandlung Europas in einen deutschen Großraum für realisierbar zu halten, besonders groß, so dass sich hier die Meinungen teilten und es letztlich nur einige besonders stark in übernationalen Verflechtungen stehende und weitblickende Spitzenvertreter des Kapitals waren – nach Coudenhoves eigenem Zeugnis Max Warburg, des weiteren Arthur v. Gwinner von der Deutschen Bank und Hans Fürstenberg von der Berliner Handels-Gesellschaft, beide nacheinander als Schatzmeister der deutschen Paneuropa-Sektion fungierend, sowie Robert Bosch, der der internationalen ›Paneuropa-Förderungsgesellschaft‹ mit Sitz in Zürich präsidierte –, die Coudenhoves Bewegung finanziell förderten, meist allerdings nicht exklusiv, sondern zugleich mit den Mitteleuropa-Propagandainstitutionen. Ähnlich halben Erfolg hatte Coudenhove in den übrigen Ländern Europas, in denen er überall in gleichem Sinne agitierte. Das Initialinteresse an seiner Bewegung (so war z. B. ihre Förderung durch Max Warburg, wie Coudenhove berichtete, erst von Baron Rothschild vermittelt worden) lag damals offenbar überwiegend bei außerdeutschen Finanzgruppen.«[19] Die Paneuropa-Bewegung bekam Zulauf von Politikern, Wissenschaftlern und Künstlern. Zu ihr bekannten sich Albert Einstein, Thomas Mann, Otto von Habsburg sowie Politiker wie Konrad Ade-

---

19 Opitz, 1977, S. 34

nauer, der französische Außenminister und Friedensnobelpreisträger Aristide Briand, der tschechoslowakische Außenminister und spätere Staatspräsident Edvard Beneš und der französische Ministerpräsident Édouard Herriot.

Paneuropa zielte auf den Erhalt der brüchig gewordenen Hegemonie des alten Kontinents: »Während jeder einzelne europäische Staat auf die Dauer politisch und wirtschaftlich jenen Weltmächten preisgegeben wäre, könnte Paneuropa durch seinen Zusammenschluss zu einer der stärksten Machtgruppen, vielleicht zur stärksten werden.«[20] Heute klingt es ganz ähnlich, wenn für einen ›Globalplayer EU‹ selbst von Sozialdemokraten geworben wird.[21]

Mit dem Paneuropa-Konzept erschien zum ersten Mal jene Vorstellung eines föderativen Europas von Nationalstaaten auf der politischen Bühne, die nach 1945 den realen Prozess der europäischen Integration ideologisch bestimmte. Doch in den zwanziger Jahren des letzten Jahrhunderts war die Zeit noch nicht reif für den Übergang zu einer Konzeption, die nicht mehr länger auf aggressive Expansion des eigenen Machtbereichs setzt, sondern auf eine Kollaboration europäischer Mächte. Der deutsche aber auch der italienische Faschismus versuchten noch einmal, und diesmal mit rücksichtsloser Härte und Brutalität, ihre Eroberungspläne in die Tat umzusetzen, Grenzen zu verschieben bzw. Länder zu annektieren. Nach dem

---

20 Opitz, 1977, S. 36

21 So forderte der frühere SPD-Vorsitzende Sigmar Gabriel, dass »die Eliten ihre Verantwortung wahrnehmen und entschiedener als bisher für Europa als Hoffnungsprojekt werben.« (...) »In 30 oder 40 Jahren werden weder Deutschland noch Frankreich allein eine nennenswerte politische oder wirtschaftliche Rolle spielen können – im Vergleich zu den großen politischen und ökonomischen Regionen der Welt wie USA, China oder Indien. Nur Europa als Ganzes hat eine Chance im globalen Wettbewerb von Ideen und Werten, von Politik und Wirtschaft.«, Gabriel, 2011. Zu den verschiedenen Europaideologien vgl. Wehr, 2013

vollkommenen Scheitern dieser Pläne kommt man auf das Paneuropa-Konzept zurück. So war es denn kein Zufall, dass Richard Nikolaus Coudenhove-Kalergi 1950 der erste Träger des Karlspreises der Stadt Aachen wurde. Der Graf und seine Bewegung blieben auch danach von Bedeutung. So schrieb Franz-Josef Strauß das Vorwort zu dem 1971 erschienenen Buch *Weltmacht Europa* von Coudenhove-Kalergi. Und viele Jahre stand der CSU-Europaabgeordnete Otto von Habsburg an der Spitze der Paneuropa-Union. 1989 rühmte sich diese Bewegung, einen entscheidenden Beitrag zur Zerstörung des europäischen Sozialismus geleistet zu haben.[22] Der Kreis hatte sich geschlossen.

22 Am 19. August 1989 wurde an der österreichisch-ungarischen Grenze ein »Paneuropäisches Picknick« veranstaltet, von wo eine sogenannte »Friedensdemonstration« an den Grenzzaun geführt wurde. Die Generalsekretärin der internationalen Paneuropa-Union, Walburga Habsburg Douglas, legte selbst bei der Durchschneidung des Stacheldrahts Hand an. Die kurzzeitige Öffnung der Grenze nutzten etwa 600 bis 700 DDR-Bürger zur Flucht. Es war der Beginn eines immer breiter werdenden Flüchtlingsstroms.

II.
1950–1985: Aufstieg und Stagnation

Der Beginn der europäischen Integration

Mit der Einigung Europas sollte ein für alle Mal die verhängnisvolle Feindschaft unter den großen europäischen Mächten – insbesondere die zwischen Deutschland und Frankreich – beendet werden. Es sollte endlich vorbei sein mit den schrecklichen Kriegen auf dem Kontinent. Dies wurde die Kernbotschaft der europäischen Integration, und an sie wird regelmäßig, vor allem in Krisenzeiten, erinnert. So erklärte 2006, ein Jahr nach der Ablehnung des europäischen Verfassungsvertrags, der frühere österreichische Bundeskanzler Wolfgang Schüssel: »Das ist vor allem und nach wie vor die Friedensbotschaft. Gehen sie auf einen Dorffriedhof, schauen sie sich die Gräber aus den Weltkriegen an, und sie wissen, was ich meine. Diese Botschaft ist nicht mehr selbstverständlich, und die Jungen kennen sie nicht mehr. Europa darf sich nicht nur wirtschaftlich begründen. Europa war früher ein Herzthema – ›nie wieder Krieg‹.«[23] Auch in der Euro-Krise wird diese Argumentation bemüht. In einem Interview mit sechs europäischen Tageszeitungen Ende

23 Schüssel, 2006

Januar 2012 sagte Bundeskanzlerin Angela Merkel: »Wenn wir Europa nicht hätten, würde vielleicht auch unsere Generation gegeneinander Krieg führen.«[24] Mit der Gleichsetzung »Europa bedeutet Frieden« schirmt man sich gegen jede Kritik an der konkreten Form der europäischen Integration ab. Zugleich instrumentalisiert man die berechtigte Friedensliebe der Menschen zur Rechtfertigung für alles und jedes in der EU. Dieser Appell an die Sehnsucht nach Frieden führt aber in die Irre.

Bei der europäischen Integration ging und geht es nämlich nie um die Verhinderung eines Krieges. »Tatsächlich war 1950, als der französische Außenminister Robert Schuman den Vorschlag machte, zwischen Frankreich, der Bundesrepublik Deutschland, Italien, den Niederlanden, Belgien und Luxemburg eine ›Gemeinschaft für Kohle und Stahl‹ zu begründen, weder der Friede in Westeuropa in Gefahr noch irgendein europäisches Land zum Krieg fähig. (...) Die europäische Integration bis hin zur Europäischen Union fand unter den Fittichen des amerikanischen Adlers innerhalb der NATO statt. (...) Die Friedensrhetorik im Zusammenhang mit der europäischen Integration bezeichnet einen Gründungsmythos im deutsch-französischen Verhältnis und einen seit den sechziger Jahren fortgesetzten Versuch, sich gegenüber Amerika als selbständige Kraft, als ›europäische Säule der Allianz‹, und in der Welt als ›Friedensmacht‹ darzustellen. Dabei kam es zu vielen politischen Verrenkungen.«[25]

Nach einem weiteren, ebenfalls ständig am Leben gehaltenen Mythos sei die europäische Integration aus dem Geist des antifaschistischen Widerstands hervorgegangen. Zwar gab es – vor allem in Italien und Frankreich – am Ende des Zweiten Weltkriegs Widerstandskreise, die eine schnelle europäische

24 Stern vom 2.3.2012

25 Rühl, 2010

Einigung forderten. In Frankreich gehörte der Schriftsteller Albert Camus dazu, in Italien der sozialistische Publizist Altiero Spinelli und in Deutschland der Widerstandskreis des 20. Juli und die befreiten KZ-Häftlinge, die das Buchenwalder Manifest vom 13. April 1945 verfassten.[26] Da jedoch in diesen Erklärungen die Forderung nach einer schnellen europäischen Integration mit der nach einem sofortigen Zusammenschluss der Nationalstaaten verbunden wurde, erwiesen sich diese Positionen als illusionär. Die Nationen Europas, dem faschistischen Völkergefängnis gerade entkommen, dachten nicht daran, ihre wiedergewonnene Eigenständigkeit sogleich wieder herzugeben. So wurde es denn auch bald still um diese Ideen. Heute versucht man, sie in die Geschichte der europäischen Integration einzubauen, so trägt etwa das Brüsseler Abgeordnetengebäude des Europäischen Parlaments den Namen Altiero Spinellis.

Die Rolle der USA

Der entscheidende Anstoß zur Schaffung einer europäischen Wirtschaftsgemeinschaft kam von außen. Der Wirtschaftshistoriker Werner Abelshauser nennt die Gründe dafür: »Die Bedingungen, unter denen es (Westdeutschland, A. W.) seine Rückkehr in die Weltwirtschaft antreten musste, hatten die Vereinigten Staaten gesetzt. Sie waren entschlossen, innerhalb der Weltwirtschaft die Führungsrolle zu übernehmen, um einer erneuten Destabilisierung des internationalen Wirtschafts- und Finanzsystems entgegenzuwirken. Schon im Juli 1944, auf der Währungs- und Finanzkonferenz von Bretton Woods, hatten sie den institutionellen Rahmen für die neue Ordnung entworfen und zur Neuregelung des internationalen Zahlungsausgleichs den Weltwährungsfonds (IWF) und die Bank für

26 Vgl. hierzu Niess, 2001, S. 30-47

Wiederaufbau und Entwicklung (Weltbank) gegründet. Beide Institutionen, die 1946 ihre Arbeit aufnahmen, sollten innerhalb eines Systems wirksam werden, das auf stabilen Wechselkursen zwischen untereinander und gegen Gold eintauschbaren (konvertierbaren) Währungen beruhte und einen weitgehend liberalisierten Austausch von Waren ermöglichte.«[27]

Die in Deutschland ab 1947 in der Bizone zusammengeschlossenen Besatzungsgebiete der USA und Großbritanniens bildeten dabei das wichtigste Einfallstor zur Durchsetzung der US-amerikanischen Europapolitik. Frankreich, das unter Charles de Gaulle unmittelbar nach seiner Befreiung auf einen betont eigenständigen nationalen Kurs gegangen war, kam dafür nicht in Frage. Aber auch Großbritannien – der noch im Krieg engste Verbündete der USA – war hierfür wenig geeignet. 1945 hatte die Labour Party die Unterhauswahlen gewonnen und Vergesellschaftungen, etwa im Gesundheitswesen, eingeleitet. Als linke Partei stand sie der von den USA favorisierten Freihandelspolitik skeptisch bis ablehnend gegenüber. Schließlich war Großbritannien auch Rivale der USA in der internationalen Politik, und die britische Politik der Aufrechterhaltung des Empire wurde in Washington überhaupt nicht geschätzt.

»In Westdeutschland bestimmten die USA dagegen das Gesetz des Handelns und konnten es so als ihren Hebel zur Neuordnung des Welthandelssystems einsetzen.«[28] Ihr wichtigstes Instrument war dabei die Verwaltung der Mittel des Marshall-Plans, des European Recovery Programms (ERP), durch die Organisation für Europäische Zusammenarbeit (OEEC), dem europäischen Koordinierungsgremium des Marshall-Plans in den Westzonen.[29] Das US-amerikanische Interesse richtete sich

27 Abelshauser, 2011, S. 217f

28 Abelshauser, 2011, S. 219

29 Die OEEC (Organisation for European Economic Cooperation) wurde am 16.4.1948 gegründet. Der OEEC gehörten 16 europäi-

vor allem auf die Intensivierung der europäischen Wirtschaftsbeziehungen: »In der Absicht, den Warenaustausch innerhalb Europas selbst anzuregen, lehnte die ERP-Verwaltung (...) alle Anforderungen auf Dollarhilfe zur Finanzierung von Waren ab, die die Europäer auch auf dem eigenen Kontinent von Nachbarländern beziehen konnten.«[30] Ein solches Vorgehen lag aber nicht im Interesse Großbritanniens, das seine Waren weiter ungehindert auf dem Weltmarkt – Agrarprodukte etwa aus Australien und Neuseeland – einkaufen wollte. Dieser, bereits in der Anfangsphase der europäischen Integration sichtbar gewordene Interessenskonflikt belastete von Anfang an das Verhältnis Großbritanniens zur Europäischen Gemeinschaft und spielte auch in der Debatte über den Austritt des Landes eine Rolle.

Die Voraussetzungen für die Entstehung eines europäischen Binnenmarkts mittels Liberalisierungen, Abbau von Einfuhrbeschränkungen und Steuersenkungen wurden in den Nachkriegsjahren vor allem auf Druck der USA geschaffen. Sie handelten dabei aber nicht aus altruistischen Gründen, etwa um nur dem verwüsteten Europa aufzuhelfen, wie es heute so gerne heißt. »Der Marshall-Plan diente in *wirtschaftlicher* Hinsicht dazu, die US-Industrie in Gang zu halten, den westlichen Teil Deutschlands und Europas im Allgemeinen in größere wirtschaftliche Abhängigkeit von den Vereinigten Staaten zu bringen (...). Man kann sagen, dass mit dem überall gelobten Marshall-Plan in Europa die ›Amerikanisierung‹ oder, wie man

---

sche Länder an. Neben der Koordinierung der ERP-Mittel bestand ihre Aufgabe im Abbau der Handelsschranken und der Devisenkontrollen zur Schaffung eines multilateralen Zahlungsausgleichs im Rahmen der Europäischen Zahlungsunion (EZU), die am 19.9.1950 gegründet wurde. Die OEEC wurde 1961 zur Organisation for Economic Cooperation and Development (OECD), dem supranationalen Club der Industriestaaten, umgewandelt.

30 Abelshauser, 2011, S. 219

es manchmal in Bezug auf die Dritte Welt nennt, die ›Coca-Kolonisierung‹ begonnen hat. Auf *politischer* Ebene zielte der Marshall-Plan auf die politische Integration Westeuropas in einen antisowjetischen Block unter US-amerikanischer Führung ab.«[31]

Die USA nutzten am Ende des Krieges die Gunst der Stunde, um ihren geschwächten europäischen Konkurrenten ihre Bedingungen diktieren zu können. Sie übernahmen damit in Europa – wie auch im fernen Osten – die Führungsrolle. Dazu gehörte Hilfestellung beim Wiederaufbau der zerstörten Industrien und der Infrastruktur, die Förderung der Zusammenarbeit der europäischen Länder und die Wiederherstellung des bereits vor Ausbruch des Zweiten Weltkriegs auf ein historisch niedriges Maß gesunkenen innereuropäischen Wirtschaftsaustausches. Von dieser Grundlage aus wurde das Rollback gegenüber den unter sowjetischem Einfluss stehenden sozialistischen Gesellschaftsordnungen Osteuropas begonnen, bekannt geworden unter dem Begriff Kalter Krieg. Bis heute hat sich diese grundlegend positive, ja fördernde Haltung der US-Administration gegenüber der europäischen Integration nicht grundlegend geändert. Der US-amerikanische Präsident Donald Trump sieht aber in der EU und ihren Mitgliedern vor allem Konkurrenten für die Ökonomie seines Landes und hat daher von dem unter seinem Vorgänger Barack Obama noch forcierten Transatlantischen Freihandelsabkommen (TTIP) Abstand genommen.

Die Interessen Frankreichs

Auch Frankreich war von Marshall-Plan-Hilfe abhängig und hatte daher US-amerikanische Bedingungen zu erfüllen. Sie bedeuteten: Einschränkung der Demontagen in der Frankreich überlassenen Besatzungszone in Südwestdeutschland, Zustim-

31 Pauwels, 2006, S. 245

mung zu ihrer Verschmelzung mit der britisch-amerikanischen Bizone zur Trizone und Verzicht auf eine Beherrschung der deutschen Schwerindustrie. Frankreich konnte somit seinen Wiederaufbau nicht auf die Kontrolle und Ausbeutung des deutschen Potenzials an Kohle und Stahl stützen, lediglich das Saarland stand ihm dafür zur Verfügung. Dem französischen Anspruch, als europäische Großmacht wieder eine Weltmachtrolle einnehmen zu können, waren damit Fesseln angelegt. »In diesem Dilemma musste sich Frankreich entscheiden. Sollte es sich durch Konzessionen an Deutschland Einfluss auf das Wirtschaftspotenzial des Ruhrgebiets sichern oder das Risiko laufen, von der Dynamik des westdeutschen Rekonstruktionsprozesses überrollt zu werden und seinen Großmachtstatus zu gefährden, noch ehe er wirtschaftlich abgesichert war? Frankreich entschied sich dafür, seine Ziele, die gegen Westdeutschland nicht mehr erreichbar waren, nunmehr zusammen mit dem Nachbarn anzustreben.«[32] Am 9. Mai 1950 schlägt Frankreichs Außenminister Robert Schuman die Vergemeinschaftung der französischen und deutschen Kohleförderung und Stahlerzeugung vor. Der Vertrag zur Bildung der Europäischen Gemeinschaft für Kohle und Stahl (EGKS), bekannt geworden als Montanunion, mit Belgien, der Bundesrepublik Deutschland, Frankreich, Italien, Luxemburg und den Niederlanden als Mitglieder, wird am 18. April 1951 unterzeichnet. Sitz der Leitung der EGKS, der Hohen Behörde, wird Luxemburg.

Wie die Politik der USA gegenüber dem besiegten Deutschland, so war auch die französische Haltung alles andere als von Altruismus bestimmt. Der Schuman-Plan entsprach ganz und gar eigenen Interessen, sollte doch mit ihm verhindert werden, dass der ehrgeizige Plan zur Modernisierung der französischen Industrie scheiterte. Der Aufbau der dafür notwendigen fran-

32 Abelshauser, 2011, S. 232

zösischen Stahlproduktion war bereits 1949/50 ins Stocken geraten, denn die deutsche Stahlindustrie arbeitete produktiver und damit kostengünstiger und verfügte darüber hinaus über große nicht ausgelastete Reserven. Über die französischen Absichten im April 1950 schrieb der Leiter der »Modernisierungskommission« der französischen Wirtschaft und Autor des Schuman-Plans, Jean Monnet, in seinen Erinnerungen: »Die Fortsetzung des französischen Aufbaus wird unterbrochen, wenn die Frage der deutschen Industrieproduktion und seiner Konkurrenzfähigkeit nicht rasch geregelt wird. (...) Deutschland verlangt bereits eine Erhöhung seiner Produktion von elf auf vierzehn Millionen Tonnen. Wir werden uns dagegen sträuben, aber die Amerikaner werden darauf bestehen. Schließlich werden wir unsere Bedenken dagegen anmelden, aber nachgeben. Gleichzeitig wird die französische Produktion auf dem gleichen Stand stehenbleiben oder sogar sinken. (...) Eine Lösung, die der französischen Industrie die gleiche Ausgangsbasis wie der deutschen einräumte, während man diese von den aus der Niederlage entstandenen Diskriminierungen befreite, würde die ökonomischen und politischen Bedingungen für eine Entente schaffen, die für Europa unerlässlich war. Darüber hinaus könnte sie sogar das Ferment zu einer europäischen Einheit werden.«[33]

Die aus dieser Situation heraus geschaffene Montanunion stellte den Beginn der institutionellen europäischen Integration dar. Erstmals wurde mit der EGKS in einigen Sektoren der Wirtschaft das Mittel der indirekten Kontrolle über die Mitgliedstaaten angewandt, die wiederum über gemeinsame Institutionen ausgeübt wurde. »Damit war nicht notwendigerweise eine Schwächung der Souveränität der beteiligten Nationalstaaten verbunden; im Gegenteil, supranationale Kontrolle

33 Monnet, 1978, S. 370f

über zentrale Bereiche der Wirtschaft schien aus französischer Perspektive gerade zur Erhaltung und Sicherung der eigenen Nationalstaatlichkeit erforderlich.«[34] Für die deutsche Seite war der Schuman-Plan ebenfalls attraktiv, da mit seiner Hilfe ein weiteres Stück Souveränität für die junge Bundesrepublik errungen werden konnte.

Bei der Konstruktion der Montanunion konnte auf Ansätze zur Kartellbildung aus der Zeit vor dem Zweiten Weltkrieg zurückgegriffen werden: »Die Wurzeln der Montanunion reichten bis Mitte der 20er-Jahre zum ›Internationalen Stahlkartell‹ zurück.«[35] Es handelte sich dabei um frühe Bemühungen, die gefährliche, im Ersten Weltkrieg mit Waffen ausgetragene Konkurrenz der monopolisierten Schwerindustrie mit Hilfe von grenzüberschreitenden Absprachen und Kartellen zu entschärfen. »Emile Mayrisch, der Direktor des luxemburgischen Stahlkonzerns Arbed, organisierte im Rahmen des ›Deutsch-französischen Studienkomitees‹ zahlreiche Gesprächsrunden mit dem Thema, die europäische Wirtschaft durch geregelte Formen der Kooperation aus ihrem Tief herauszuführen. Auf deutscher Seite wurde er intensiv von dem Unternehmer Robert Bosch unterstützt, und beide sind sichtbare Beispiele für ein auf Europa orientiertes gesellschaftliches Milieu, das nach dem Krieg für die Schaffung der europäischen Institutionen bedeutsam werden sollte.«[36] Am 30. September 1926 wird in Luxemburg die ›Internationale Rohstahlgemeinschaft‹ (IRG) gegründet. Emile Mayrisch wird ihr Vorsitzender. Die Montanunion entstand demnach keineswegs aus dem Nichts heraus und war auch nicht der nach dem Krieg neuen Friedensliebe der Konzernherren entsprungen. Sie hatte Vorläufer.

---

34 Abelshauser, 2011, S. 232

35 Gehler, 2010, S. 188

36 Brunn, 2002, S. 25

Der für 50 Jahre abgeschlossene EGKS-Vertrag trat am 23. Juli 1952 in Kraft. Mit der Gründung der Europäischen Wirtschaftsgemeinschaft 1957 und dem Niedergang der Stahl- und Kohleindustrien in Europa verlor die Montanunion allmählich an Bedeutung. Eine wichtige Rolle spielte die Gemeinschaft noch einmal in der Stahlkrise der 70er Jahre. Mit Hilfe des EGKS-Vertrags sorgte man seinerzeit für eine abgestimmte Reduzierung der Produktionskapazitäten.

Skepsis in der Arbeiterbewegung

In den Gewerkschaften und in den Parteien der Arbeiterbewegung war die Montanunion alles andere als populär, sah man in ihr doch ein Hindernis für die Sozialisierung der Schwerindustrie und ein Mittel zur Stärkung und Absicherung kapitalistischer Eigentumsverhältnisse. Befürchtet wurde zudem, dass dieser auf Westeuropa beschränkte Zusammenschluss der deutschen Wiedervereinigung Hindernisse in den Weg legen könnte. Vor dem Hintergrund des erst wenige Jahre zurückliegenden Krieges war man sich in der deutschen Arbeiterbewegung noch des engen Zusammenhangs von Monopolisierung, organisiertem Kriegskapitalismus und internationaler Organisationen zur Sicherung der Kapitalherrschaft bewusst. Beispielhaft dafür steht eine Analyse des Gewerkschafters Viktor Agartz[37]: »Gefördert wurde die Monopolisierung während des zweiten Weltkriegs, als gewaltige Staatsaufträge in die Wirtschaft flossen. Es nahm daher nicht wunder, als nach dem Ende des Krieges die zahlreichen Gebilde – wie Weltbank, Währungsfonds, Marshall-Plan und OEEC, EZU, Montanunion, um nur diese zu nennen – als staatliche Institutionen entstanden, um dem

---

37 Viktor Agartz war nach 1945 lange Zeit der führende Wirtschaftstheoretiker in SPD und DGB. Er war enger Berater von Kurt Schumacher, dem ersten Nachkriegsvorsitzenden der SPD, und von Hans Böckler, dem ersten Vorsitzenden des DGB.

kapitalistischen System Hilfestellung zu leisten.«[38] Solche Einsichten finden sich in der SPD spätestens seit ihrer Godesberger Wende von 1959 nicht mehr, und auch in den Gewerkschaften sind sie selten geworden.

Die Europäische Verteidigungsgemeinschaft

Der Prozess des Werdens der europäischen Integration wird oft als einer beschrieben, der zwar immer wieder in Krisen gerät und gelegentlich auch mal stockt, der aber letztlich dann doch immer wieder vorankommt. Zur Beschreibung dieses Zustands wird gern das von Walter Hallstein, dem ersten Präsidenten der EWG-Kommission, gezeichnete Bild vom Fahrrad benutzt, das immer weiter rollen muss, damit es nicht umfällt. Es darf daher keinen Stillstand geben. In dieses optimistische Bild passt aber nicht die Tatsache, dass die von Jean Monnet ersonnene Europäische Verteidigungsgemeinschaft (EVG) kläglich scheiterte und dies bis heute gravierende Auswirkungen auf den europäischen Integrationsprozess hat. Wie bereits bei der Montanunion war es Frankreich, das die Initiative dazu ergriffen hatte. Und wieder reagierte es damit auf ein Handeln der USA, dem man zuvorkommen wollte. Die Vereinigten Staaten hatten im September 1950 die Wiederbewaffnung der Bundesrepublik auf die Tagesordnung gesetzt, denn nur durch die Aufstellung deutscher Truppen ließ sich der Druck auf die Sowjetunion und ihre Verbündeten aufrechterhalten. Frankreich stand damit vor einem Dilemma, denn bei einer Unterstellung deutscher Einheiten unter das NATO-Kommando würden die USA das Sagen über sie bekommen und Frankreich wäre an den Rand gedrängt.

Als Antwort auf den US-amerikanischen Vorstoß schlug Paris daher die Schaffung einer europäischen Armee vor. Neben

38 Agartz, 1985, S. 65

Frankreich erklärten die Bundesrepublik Deutschland, Italien, Belgien und Luxemburg ihre Bereitschaft zur Teilnahme. Obwohl das Hauptinteresse der Bundesrepublik eigentlich in einer schnellen Integration des Landes in die NATO bestand, unterstützte Bundeskanzler Konrad Adenauer auch die französische Initiative, da man die Brüskierung der westlichen Besatzungsmacht nicht riskieren wollte. Und den revanchistischen Kräften in der Bundesrepublik war es letztlich gleich, auf welchem Wege man zur Wiederbewaffnung kommen würde, entscheidend war nur, dass es damit zügig voranging.

Nach den Vorstellungen Frankreichs, aber auch Italiens, sollte die Europäische Verteidigungsgemeinschaft zugleich Ausgangspunkt eines künftigen auch politisch vereinten Europas sein. Hierfür arbeitete man die Satzung einer Europäischen Politischen Gemeinschaft (EPG) aus, unter deren Dach die Montanunion und die EVG zusammengefasst werden sollten. Eine solche Gemeinschaft wurde als zwingend angesehen, da eine europäische Armee nur vorstellbar ist, wenn zugleich eine politische Autorität existiert, die über ihren Einsatz entscheidet. Nach Jahren des Verhandelns scheiterte aber das Projekt ausgerechnet an dem Land, das die Initiative dazu ergriffen hatte. Die französische Nationalversammlung lehnte die EVG am 29. August 1954 ab. Gaullisten und Kommunisten verwarfen sie gleichermaßen. »Nach der Schlussabstimmung über den Antrag, den Vertrag nicht weiter zu beraten und ihn gar nicht erst zur Abstimmung kommen zu lassen, der eine Mehrheit von 319 gegen 264 Stimmen erhielt, klatschten die Gegner wild Beifall. Sie erhoben sich von den Bänken und sangen die Marseillaise oder die Internationale.«[39]

In der proeuropäischen Literatur wird der Versuch, die europäische Einigung ausgerechnet mit einer Verteidigungsge-

39 Brunn, 2002, S. 98

meinschaft beginnen zu lassen, oft als Irrweg dargestellt, hätte man doch wissen müssen, dass ein solch gravierender Eingriff in die Souveränitätsrechte der Staaten in einer solch frühen Phase zum Scheitern verurteilt sein musste. Doch der Rückschlag war zugleich ein Menetekel für den weiteren Weg der Integration, sollte doch eine enge Zusammenarbeit in der Außen- und Sicherheitspolitik oder gar die Schaffung einer europäischen Armee bis heute nicht erreicht werden. Die angestrebte politische Union muss aber ohne einen Zusammenschluss im Kernbereich der Außen- und Sicherheitspolitik eine Fiktion bleiben.

Die Gründung der Europäischen Wirtschafts- und Atomgemeinschaft

Nur wenige Monate nach dem Scheitern der Europäischen Verteidigungsgemeinschaft wurden neue Pläne für eine europäische Integration vorgelegt. Die Initiativen gingen diesmal nicht von Frankreich, sondern von den Niederlanden und Belgien aus: »Vor allem in den Beneluxstaaten, deren offene, stark exportabhängige Volkswirtschaften am meisten auf eine Zollunion oder andere Präferenzräume westeuropäischer wirtschaftlicher Zusammenarbeit angewiesen schienen, schossen sie wie Pilze aus dem Boden.«[40] Es war vor allem die niederländische Industrie, die – nach dem Verlust der Kolonie Niederländisch-Indien – dringend neue Absatzmärkte für ihre Produkte suchte. In Westeuropa glaubte sie, dabei fündig werden zu können. Vorangetrieben wurden die Verhandlungen vom belgischen Außenminister Paul-Henri Spaak. Er nutzte dabei die bestehende Zusammenarbeit innerhalb der Montanunion. Im Juni 1955 bekräftigten deren Mitglieder Belgien, Frankreich, die

---

40 Abelshauser, 2011, S. 245

Bundesrepublik Deutschland, die Niederlande, Luxemburg und Italien grundsätzlich ihre Absicht, die Möglichkeit zur Gründung einer europäischen Wirtschaftsgemeinschaft auszuloten.

Doch der Aushandlungsprozess sollte sich als zäh, zeitraubend und von Rückschlägen begleitet erweisen. Noch ein halbes Jahr vor Unterzeichnung der Verträge von Rom stockten die Gespräche: Im Oktober 1956 scheiterte eine Konferenz der sechs Außenminister in Paris, die sich nicht über die Struktur einer europäischen Zollunion einigen konnten. Vorbehalte wurden vor allem von deutschen Konzernvertretern vorgetragen: »Wichtige deutsche Exporteure befürchteten höhere Außenzölle, die ihrem Geschäft mit den außenstehenden Handelsnationen abträglich gewesen wären. Noch immer übertraf der Anteil dieser Märkte am Gesamtexport den geplanten Binnenhandel mit den fünf Staaten der Montanunion.«[41] Es war Bundeswirtschaftsminister Ludwig Erhard, der sich skeptisch zeigte. In seiner Rede am 21. März 1957 vor dem Deutschen Bundestag zur Ratifizierung der Römischen Verträge begründete er, weshalb das Vertragswerk eigentlich abzulehnen sei: »Aus der Wirtschaftsgemeinschaft kann die Gefahr erwachsen (...), dass sich zwischen den sechs Ländern ein besonderer, ein bedenklicher Geist entwickelt, der zwar nach innen Freiheit setzt und setzen muss, der aber bemüht ist, sich nach außen abzuschirmen.« Und mit Blick auf die in den Verträgen enthaltene Assoziierung der Kolonien Frankreichs und Belgiens mit der Europäischen Wirtschaftsgemeinschaft verwies er darauf, »dass es nicht gerade ein Vorteil ist, wenn wir die freie Welt noch einmal in Großräume aufteilen (...)«.[42] Diese Warnung bezog

---

41 Abelshauser, 2011, S. 246

42 Auszug aus der Rede Ludwig Erhards, Bundesminister für Wirtschaft, vor dem Deutschen Bundestag am 21. März 1957 zur Ratifizierung der Römischen Verträge, hier zitiert nach: Brunn, 2002, S. 353

sich auf den Protektionismus der Vorkriegs- und Kriegszeit und auf die Einrichtung abgeschirmter Märkte als Reaktion auf die Weltwirtschaftskrise. Trotz dieser Bedenken bekundete Erhard aber am Ende der Rede seine Zustimmung zu den Verträgen. Die Kabinettsdisziplin ließ das geboten erscheinen, denn »das Auswärtige Amt und mit ihm der Bundeskanzler teilten diesen ›wirtschaftlichen Welteroberungsplan des Bundeswirtschaftsministers‹ nicht«.[43]

Der Skepsis Erhards entsprach eine weit verbreitete Haltung der exportorientierten deutschen Industrie, die sich in dem programmatischen Ausspruch »unser Markt ist die Welt« zusammenfassen ließ, und die in einer europäischen Integration eher eine Einengung als eine Chance sah. Nur zwölf Jahre nach dem Ende des Faschismus fühlten sich die führenden deutschen Monopole bereits wieder stark genug, den Kampf um die Weltmärkte erneut auf eigene Faust aufnehmen zu können. Mit Sicherheit war es kein Zufall, dass in der Euro-Krise in einem Beitrag der *Frankfurter Allgemeinen Zeitung* aus dem Jahr 2010 an jene Rede Erhards von 1957 erinnert wurde.[44] Angesichts wachsender politischer und finanzieller Kosten, die zur Aufrechterhaltung der Euro-Zone zu erbringen sind, wird in führenden Kreisen des deutschen Finanzkapitals erneut nach dem tatsächlichen Vorteil der europäischen Integration gefragt. In einer Kosten-Nutzen-Rechnung wird dabei geprüft, ob nicht etwa die Märkte in Fernost wichtiger als die Spaniens, Portugals oder gar Griechenlands sind.

Fühlte sich die deutsche Industrie Ende der fünfziger Jahre bereits wieder hinreichend gerüstet, um auch ohne eine europäische Wirtschaftsgemeinschaft auskommen zu können, so gingen die Bedenken der französischen Industrie in eine ganz

43 Abelshauser, 2011, S. 255

44 Abelshauser, 2010

andere Richtung. Zusammengeschlossen in einer gemeinsamen Wirtschaftszone mit der wettbewerbsfähigeren Industrie Deutschlands, wähnte sie sich als nicht ausreichend konkurrenzfähig. Diese Ängste sollten sich bewahrheiten, und sie bestimmen bis heute die französische Europapolitik. Es zeigte sich daher bei der Gründung der EWG – wie schon zuvor bei der Etablierung der Montanunion –, dass in einem gemeinsamen Wirtschaftsraum die Konflikte zwischen den Nationalstaaten keineswegs verschwinden. Sie sind auch nicht ruhig gestellt, wie »proeuropäische« Autoren gern zu suggerieren suchen, sondern nehmen lediglich eine andere Form, die der Kooperation, an, die aber weiterhin von Konflikten bestimmt ist.

Die Bedeutung der Doppelkrise von Suez und Budapest

So wenig der gescheiterten Europäischen Verteidigungsgemeinschaft in der EU-Hausgeschichtsschreibung heute noch größere Beachtung zuteil wird, so regelmäßig wird über die außen- und sicherheitspolitischen Rahmenbedingungen hinweggesehen, die in den Jahren 1956/57 die Gründung der Europäischen Wirtschafts- und Atomgemeinschaft begleiteten bzw. überhaupt erst möglich machten. Die brisante Frage nach der Einbindung und Kontrolle einer westdeutschen Armee, die 1954 mit dem Scheitern der Verteidigungsgemeinschaft noch offen geblieben war, hatte man inzwischen gelöst. Mit der Unterzeichnung der Pariser Verträge am 23. Oktober 1954, die die Westintegration des deutschen Teilstaats besiegelte, wurde die Bundesrepublik Deutschland zugleich zum Beitritt in die NATO eingeladen. Am 6. Mai 1955 wird sie Mitglied dieses Bündnisses.

Das folgende Jahr 1956 wurde zu einem Jahr bedeutender außenpolitischer Ereignisse: die Suez-Krise und der Ungarnaufstand erschüttern die Welt. »Von Polen über Ungarn bis zum Nahen Osten überstürzen sich die Ereignisse. Am 30. Oktober geschehen simultan zwei äußerst wichtige Dinge: In Budapest kündigt die neue Regierung Nagy das Ende des Einparteiensystems an (...), bringt eine Koalition unterschiedlicher Parteien auf den Weg, die alle an der Regierung beteiligt werden, fordert die sowjetische Militärführung auf, die in Ungarn stationierten Truppen zurückzuziehen, und befreit Kardinal Mindszenty aus seinem Zwangsdomizil. Gleichzeitig landen in der Nacht zum 30. auf den 31. Oktober anglofranzösische Truppen aus der Luft am Suez-Kanal. Die Fallschirmjäger machen sich auf zur Eroberung von Port Said, während die israelischen Truppen inzwischen kurz vor dem Kanal stehen. Es ist klar, dass die internationale Krise damit nun ihren Höhepunkt erreicht.«[45]

Diese Krisen sollten die Einigung auf die Römischen Gründungsverträge begünstigen: »Erst als die Doppelkrise von Suez und Budapest (...) ein deutliches Signal deutsch-französischer Gemeinsamkeit in der Europapolitik erforderlich zu machen schien, und rasch nach einem Rahmen für einen neuen Anlauf in der Rüstungskooperation gesucht wurde, spielten wirtschaftliche Bedenken keine große Rolle mehr. Adenauer und Mollet (der französische Ministerpräsident, A. W.) setzten sich über die Einwände ihrer Experten souverän hinweg und nutzten den Plan einer Zollunion und Wirtschaftsgemeinschaft als Vehikel umfassender europapolitischer Visionen, die nicht zuletzt auch die Rüstungskooperation einschlossen. Damit war es gerade die Sicherheitspolitik, die den politischen Anstoß gab, der schließlich den Abschluss der Römischen Verträge am 25. März 1957 ermöglichte.«[46]

Die als Antwort auf die Verstaatlichung des Suez-Kanals durch den ägyptischen Staatspräsidenten Gamal Abdel Nasser

45 Canfora, 2012, S. 95

46 Abelshauser, 2011, S. 256

begonnene britisch-französische Militärintervention scheiterte kläglich. Nicht alleine die Sowjetunion, auch die Vereinigten Staaten drängten auf ein unverzügliches Ende dieses Abenteuers. »Das führte zu einer Demütigung beider Mächte, Frankreichs und Englands, die sich von dieser vor allem moralischen und imagemäßigen, aber auch politischen und militärischen Niederlage nie mehr erholen sollten.«[47] Paris zog daraus die Konsequenz, nun unter allen Umständen – und dies notfalls auch ohne US-amerikanische oder britische Hilfestellung – Atommacht werden zu wollen. Die Europäische Atomgemeinschaft (EURATOM) sollte dabei Frankreich als europäischer Rahmen für die Entwicklung dieser Waffen dienen. Auch eine »Europäische Rüstungsgemeinschaft« wurde angestrebt. Deutschland und Frankreich unterzeichneten dazu im Januar 1957 ein Protokoll über waffentechnische Zusammenarbeit.

Für die Bundesrepublik Deutschland war hingegen die Krise in Ungarn Anlass für neue strategische Überlegungen. Das Gewährenlassen der Sowjetunion dort bedeutete indirekt die Anerkennung einer sowjetischen Einflusszone in Osteuropa durch den Westen. Die auf Revanche setzenden Kräfte in der Bundesrepublik sahen hierin die Gefahr, dass sich die Vereinigten Staaten eines Tages womöglich vollständig mit den Ergebnissen des Zweiten Weltkriegs abfinden und sowohl die polnische Westgrenze als auch die Existenz der DDR anerkennen könnten. Bonn sah die Gefahr einer Verständigung zwischen den USA und der Sowjetunion über die Köpfe der Herrschenden in der Bundesrepublik hinweg. In Reaktion darauf sollte daher auch Westdeutschland eine eigenständige Atommacht werden. In einem Beschluss des Bundeskabinetts vom 19. Dezember 1956 heißt es: »Es müsse also gefordert werden, den

47 Canfora, 2012, S. 9

Aufbau der Bundeswehr (...) beschleunigt durchzuführen, eine Zusammenfassung Europas voranzutreiben und nukleare Waffen in der Bundesrepublik herzustellen.«[48] Dass es zur Atombewaffnung dann aber doch nicht kam, lag an der Weigerung Frankreichs, ein atomar gerüstetes Deutschland an seiner Seite zu dulden.

Außen- und sicherheitspolitische Überlegungen Frankreichs und Deutschlands waren demnach von ausschlaggebender Bedeutung für die Bereitschaft beider Länder, die entscheidenden Schritte in Richtung einer festeren europäischen Integration zu gehen: »Diese Konstellation machte den Abschluss der Römischen Verträge vom 25. März 1957 möglich. Sie verdanken ihr Zustandekommen weniger der Dynamik der wirtschaftlichen Interessen der großen Mitgliedstaaten, sondern viel mehr sicherheitspolitischen Erwägungen Frankreichs und Deutschlands.«[49] In einem Rückblick auf 50 Jahre Römische Verträge heißt es: »Sieht man einmal von dem niederländischen Interesse an einer Zollunion und einem europäischen Agrarmarkt für den Absatz niederländischer Produkte ab, so war die Europäische Wirtschaftsgemeinschaft also vorwiegend ein politisches Unternehmen. In wirtschaftlicher Hinsicht sowohl für Frankreich als auch für die Bundesrepublik (also für die beiden Hauptbeteiligten) problematisch, aber von beiden um der politischen Zielsetzung willen akzeptiert. Einbindung der Deutschen und Autonomie gegenüber den USA waren ihre eigentlichen Ziele – freilich auch ihre heimlichen; und darin lag das Problem der 1957 gefundenen Konstruktion.«[50]

---

48 Protokoll (Auszug) vom 21.12.1956 der 164. Kabinettssitzung; BA MA, BW 1/48957, Band 2, S. 388 f (geheim), hier zitiert nach: Abelshauser, 2011, S. 249

49 Abelshauser, 2011, S. 252

50 Loth, 2007, S. 42

Die Gründungsverträge

Die Römischen Verträge zur Gründung der Europäischen Wirtschafts- und Atomgemeinschaft traten am 1. Januar 1958 in Kraft. Der EWG-Vertrag beinhaltete vor allem eine Zollunion. Zwischen den sechs Mitgliedstaaten sollten sämtliche Zölle und mengenmäßige Beschränkungen bei der Ein- und Ausfuhr von Waren abgeschafft werden. Gegenüber Drittländern war anstelle nationaler Tarife ein gemeinsamer Zolltarif vorgesehen. Geplant war, die Handels-, Agrar-, Verkehrs- und Wettbewerbspolitik zu vergemeinschaften und die Konjunktur-, Wirtschafts- und Währungspolitik zu koordinieren. Für die Steuer- und Sozialpolitik war eine Harmonisierung vorgesehen. Vereinbart wurde, auf die Angleichung innerstaatlicher Rechtsvorschriften hinzuarbeiten.[51]

Beim institutionellen Aufbau der Europäischen Wirtschaftsgemeinschaft orientierte man sich an den bewährten Praktiken der Montanunion. Doch gab es wesentliche Unterschiede: Die gemeinsame Hohe Behörde der Montanunion war von Persönlichkeiten besetzt, die zwar von den Regierungen der Mitgliedsländer gestellt wurden, die aber unabhängig arbeiteten und aufgrund eigener Befugnisse Entscheidungen treffen konnten. In der EWG wurden die Entscheidungen hingegen vom Ministerrat, dem Kollegium der Fachminister der Mitgliedsländer, getroffen. Die Europäische Kommission, das Quasi-Exekutivorgan der Gemeinschaft, war daher mit der Hohen Behörde nicht vergleichbar. Sie erhielt die Stellung eines ausführenden Organs und konnte und sollte wohl Rechtsvorschriften initiieren, die Beschlüsse darüber oblagen aber dem Ministerrat.

Aus der Sicht der entschiedenen Integrationsbefürworter

51 Vgl. Vertrag zur Gründung der Europäischen Wirtschaftsgemeinschaft (1957), in: Bundesgesetzblatt 1957, Band II, S. 770 ff

bedeutete dies einen Rückschritt, verfügten doch in der neu geschaffenen EWG die Regierungen der Mitgliedsländer über deutlich mehr Einfluss als in der Montanunion: »Indem die Gründer der EWG dem Ministerrat die Entscheidungsbefugnis übertrugen, nahmen sie Abschied von dem Experiment, einer letztlich parlamentarisch nicht kontrollierten supranationalen Behörde von wenigen Beamten nationale Entscheidungen zu übertragen und ihr damit das Recht einzuräumen, autonom auf die nationale Politik einzuwirken.«[52]

Die Montanunion war auch in anderen Belangen mächtiger als die Europäische Wirtschaftsgemeinschaft gewesen. So verfügte die Hohe Behörde über beträchtliche Einnahmen, die es ihr erlaubten, Umstrukturierungsmaßnahmen in der Schwerindustrie bis zur Hälfte der Kosten zu finanzieren. Sie legte Programme zur Verbesserung der Arbeitsbedingungen auf, kümmerte sich um die Wiedereingliederung von Arbeitslosen in den Arbeitsmarkt, finanzierte Forschungsprogramme zur Verbesserung der Sicherheit am Arbeitsplatz und förderte die Arbeitsmedizin. Sogar um den Wohnungsbau für die in der Kohle- und Stahlindustrie Beschäftigten sorgte sie sich. So wurden von ihr insgesamt sechs Wohnungsbauprogramme mit zusammen 100.000 Wohnungen finanziert. All diese Maßnahmen waren Ausdruck eines Integrationsgrades, der in Europa seitdem nie wieder erreicht wurde. Mit der Ein- und Unterordnung der EGKS in die neu geschaffenen Europäischen Gemeinschaften von EWG und EURATOM wurde dieses Integrationsmodell faktisch aufgegeben.[53] Dies stellt – neben dem

52 Brunn, 2002, S. 121

53 Die Eingliederung der EGKS in die mit der Gründung der Europäischen Wirtschafts- und Atomgemeinschaft geschaffenen Strukturen wurde mit dem ebenfalls in Rom am 25. März 1957 geschlossenen »Abkommen über gemeinsame Organe für die Europäischen Gemeinschaften« eingeleitet. Es legte u. a. fest, dass EWG, EURATOM und EGKS eine gemeinsame Versammlung (das Europäische Parla-

Scheitern der Europäischen Verteidigungsgemeinschaft – einen zweiten Rückschlag bei der europäischen Integration dar.

In den Römischen Verträgen war auch die Einrichtung einer »Versammlung« von Parlamentariern der Gemeinschaften EGKS, EWG und EURATOM vorgesehen. Gebildet wurde sie von Entsandten der nationalen Parlamente der sechs Mitgliedsländer. Je 36 Abgeordnete kamen aus Frankreich, Deutschland und Italien, je 14 stellten Belgien und die Niederlande, sechs kamen aus Luxemburg. Obwohl sich diese Versammlung bei ihrer Konstituierung am 19. März 1958 selbst den Namen »Europäisches Parlament« gab, ist es bis heute kein wirkliches Parlament. Gemäß Artikel 139 des Vertrags zur Gründung der EWG sollte die »Versammlung« anfangs nur einmal im Jahr zu einer ordentlichen Sitzungsperiode zusammenkommen, und zwar »am dritten Dienstag des Monats Oktober«. Der Übergang zu einer Direktwahl dieser »Versammlung« war in den Römischen Verträgen bereits vorgesehen gewesen. In Artikel 138, Absatz 3 des EWG-Vertrags hieß es: »Die Versammlung arbeitet Entwürfe für allgemeine unmittelbare Wahlen nach einem einheitlichen Verfahren in allen Mitgliedstaaten aus.« Doch sollte es noch mehr als 20 Jahre dauern, ehe dieses Gremium 1979 erstmals von den Bürgerinnen und Bürgern direkt gewählt werden konnte. Und das angestrebte »einheitliche Verfahren« für den Wahlgang ist bis heute nicht geschaffen worden. Die Abgeordneten werden weiterhin nach national unterschiedlichen Bestimmungen gewählt.

Auch an der weitgehenden Machtlosigkeit des Parlaments änderte sich seitdem wenig. Nur schrittweise wurde es mit weiteren Befugnissen ausgestattet. Doch bis heute fehlen ihm die

---

ment) und einen gemeinsamen Gerichtshof erhalten. Abgeschlossen wurde die Eingliederung der Montanunion mit dem »Vertrag über die Fusion der Exekutivorgane der drei Europäischen Gemeinschaften EGKS, EWG und EURATOM« vom 8. April 1965.

für eine echte Legislative entscheidenden Rechte, so etwa das zur Wahl der Exekutive. Es ist der Europäische Rat, der den Kandidaten für das Amt des Kommissionspräsidenten auswählt und anschließend dem Parlament vorschlägt. Und da immer nur ein Kandidat präsentiert wird, kann von einer echten Wahl nicht gesprochen werden. Das Parlament hat zudem nicht das Recht zur Vorlage von Gesetzesinitiativen, dies war und ist das Privileg der Kommission.[54] Diese Machtlosigkeit der Legislative ist alles andere als zufällig. Sie entspricht der mit dem europäischen Einigungsprozess untrennbar verbundenen Zurückdrängung der auf nationalstaatlicher Ebene erkämpften demokratischen Rechte.

Nach den Römischen Verträgen

In den ersten Jahren nach Unterzeichnung der Römischen Verträge ging es mit der Marktintegration zügig voran. Die Zollschranken zwischen den Mitgliedstaaten waren beseitigt und gemeinsame Zölle gegenüber Drittländern eingeführt. Zugleich nahm die Marktdurchdringung in der Gemeinschaft zu: »1958 hatte der Anteil der Intra-EWG-Exporte – der Anteil der Ausfuhren der EWG-Länder, der in die Mitgliedsländer ging – bei einem knappen Drittel (30,1 Prozent) gelegen. Er stieg bis 1969 auf knapp die Hälfte (48,2 Prozent). Bei den Einfuhren erhöhte sich der Intra-EWG-Anteil von 29,6 Prozent auf 48,1 Prozent.«[55]

Doch das war nur die eine Seite. Bei der zugleich angestrebten Steuerharmonisierung sowie bei der Kapitalmarktliberalisierung blieben Fortschritte aus. Nicht voran ging es auch

---

54 Vgl. zur Stellung des Europäischen Parlaments Andreas Wehr, Die EU als demokratiefreie Herrschaftsarchitektur, in: Mies/Wernicke (Hrsg.), 2017, S. 155-165

55 Huffschmid, 1994, S. 35

bei der Koordinierung der Struktur-, Regional- und Beschäftigungspolitik und bei der Übertragung weiterer Kompetenzen auf die Gemeinschaft. Vor allem aber kam es nicht zu einer koordinierten Wirtschaftspolitik. »Alle Mitgliedstaaten betrieben weiterhin eine nationale Wirtschaftspolitik nach den bei ihnen gängigen Ordnungsvorstellungen.«[56] Und in einem Resümee der ersten Jahre der EWG hieß es: »Zu einer ›Annäherung der Wirtschaftspolitik‹ kam es jedoch nicht, weder gesamtwirtschaftlich noch strukturpolitisch.«[57]

Die »Politik des leeren Stuhls«

In den sechziger Jahren zeigten sich zudem die für die gesamte Entwicklung der europäischen Integration so typischen gegenläufigen Tendenzen von supranationaler und intergouvernementaler Vergemeinschaftung. Mit dem schnellen Abbau der Zollschranken und den Erfolgen bei der Schaffung des Gemeinsamen Marktes wurde die supranationale Ebene, und hier vor allem die Europäische Kommission, gestärkt. Zugleich gab es aber Bemühungen, durch die Stärkung des intergouvernementalen Ansatzes die Rolle der nationalen Regierungen im Integrationsprozess zu festigen. Ihren Ausdruck fanden sie in der 1960 vom französischen Präsidenten Charles de Gaulle vorgelegten Konzeption einer »Europäischen Politischen Union«. Ihr Ziel sollte ein Europa der zwischenstaatlichen Zusammenarbeit souveräner Vaterländer sein: »De Gaulle hatte vor, seine politische Union den bereits existierenden europäischen Institutionen überzustülpen. Diese würde den Mitgliedstaaten keine Anordnungen mehr erteilen können, sondern nur im Auftrag der Staats- und Regierungschefs tätig werden. Die Regierungen sollten alle Beschlüsse einstimmig in eigener Verantwor-

56 Brunn, 2002, S. 164

57 Huffschmid, 1994, S. 36

tung fassen. De Gaulles Vorschlag schloss eine Zusammenarbeit auch in der Verteidigungspolitik ein. Er ließ damit erkennen, dass er die Europäer zumindest teilweise aus der NATO herauslösen und in einer eigenen Verteidigungsorganisation zusammenfassen wollte, um sie von den Amerikanern unabhängig zu machen.«[58] Erneut zeigte sich damit die zentrale Bedeutung der Außen- und Sicherheitspolitik für den Fortgang der europäischen Integration. Mit dem 1966 erfolgten Ausscheren Frankreichs aus den Kommandostrukturen der NATO ließ de Gaulle seinen Worten Taten folgen.

1965 kam es zum offenen Konflikt mit Frankreich über den weiteren Weg der Gemeinschaft. Die Europäische Kommission verband die Frage der Finanzierung der Agrarpolitik mit Forderungen nach einer Ausweitung ihrer Haushaltsbefugnisse. »Die Kommission und das Parlament sollten künftig den jährlichen Haushalt der EWG aufstellen und vom Rat nur noch mit qualifizierter Mehrheit überstimmt werden können.«[59] Dass es ausgerechnet über die weitere Finanzierung der Agrarpolitik zum Streit kam, war nicht zufällig. Die Kommission sowie die deutsche Bundesregierung drängten schon lange auf eine Öffnung der europäischen Agrarmärkte, auch auf Kosten der Produzenten. Im Hintergrund stand das Interesse der bundesdeutschen Wirtschaft, von einem liberalisierten Welthandel zu profitieren: »Die BRD (…) orientiert auf die Offenhaltung des Welthandels von protektionistischen Beschränkungen und auf seine Abwicklung im Rahmen marktwirtschaftlicher Mechanismen. Die Durchsetzung dieser Linie verlangt eine stärkere Öffnung der eigenen Märkte, die in den Agrarmarktordnungen der EG Grenzen findet und den Widerstand jener Länder mit starkem Agraranteil hervorruft. Nicht zuletzt aus diesen Gründen hat

58 Brunn, 2002, S. 140

59 Brunn, 2002, S. 145

die westdeutsche Kritik an der EG in den letzten Jahren zugenommen.«[60] Es war die Zeit als bundesdeutsche Medien mit ihren Klagen über wachsende »Butterberge« und immer größere »Wein- und Milchseen« Stimmung für ein Ende der europäischen Agrarmarktordnung machten. Frankreich sah sich, aufgrund seiner vielen und nur wenig produktiven Agrarbetriebe, als potenzielles Opfer einer solchen Veränderung.

Vor diesem Hintergrund verweigerte sich Paris dem nach dem Vertrag möglichen Verfahren, innerhalb des Ministerrats in einer Reihe von Fällen mit Mehrheit abstimmen zu lassen, befürchtete es doch, überstimmt zu werden. Über sieben Monate, von Mitte 1965 bis Januar 1966, boykottierte Paris alle Sitzungen des EG-Ministerrats. Walter Hallstein, der erste Präsident der Europäischen Kommission, schilderte den Konflikt aus deutscher Sicht: »Das erste ernste Warnzeichen war die Krise um den britischen Beitritt 1963. Das Ringen begann, als Mitte 1965 das gaullistische Frankreich von latenter Opposition zu offenem Angriff auf die übernationale Einigung überging. Aber er scheiterte in Luxemburg Anfang 1966 an der Standhaftigkeit der anderen Fünf, auch der unzweideutigen deutschen Haltung.«[61] An anderer Stelle spricht er von der »Absicht de Gaulles (…), die Gemeinschaft durch Unterordnung unter die intergouvernementale politische Organisation zu denaturieren.«[62] Deutschland setzte von Beginn an auf das supranationale Verfahren, auf die Gemeinschaftsmethode, da sich die deutschen Konzerne aufgrund ihrer Überlegenheit in einem weitgehend deregulierten europäischen Umfeld gut allein behaupten können. Sie benötigen die schützende Hand des Staates sehr viel weniger als die schwächeren französischen Unternehmen.

---

60 Jung / Schleifstein, 1979, S. 95

61 Hallstein, 1973, S. 96

62 Hallstein, 1973, S. 315

Die Verweigerung Frankreichs ist als »Politik des leeren Stuhls« in die Geschichte eingegangen. Erst mit dem sogenannten Luxemburger Kompromiss vom 24. Januar 1966 konnte der Konflikt beigelegt werden. Danach sollte das Mehrheitsprinzip bei »sehr wichtigen Interessen eines oder mehrerer Partner« künftig nicht mehr zur Anwendung kommen. Der Handlungsspielraum der Kommission wurde dadurch eingeschränkt: »Ihre Rolle als Dreh- und Angelpunkt, als Kommunikationszentrum wurde beschnitten. (…) Der Rat wurde die gewichtigere Institution.«[63] Der Begriff »Politik des leeren Stuhls« wurde fortan zu einem Synonym für eine sich verweigernde französische Haltung, wähnt sie sich in der Defensive. Zuletzt war es Nicolas Sarkozy, der mit ihr im französischen Präsidentschaftswahlkampf 2012 drohte, um sich in Einwanderungs- und Handelsfragen durchzusetzen.[64] Die Bevorzugung der intergouvernementalen Zusammenarbeit auf Kosten der supranationalen ist bis in die Gegenwart eine Konstante französischer Europapolitik geblieben. So zeigte Paris nie ein Interesse an einer Stärkung des Europäischen Parlaments, auch misstraute man dort stets der Kommission, gestärkt werden sollte vielmehr immer der Europäische Rat, die Versammlung der Staats- und Regierungschefs der Mitgliedstaaten. Im Vertrag von Lissabon setzte Paris 2007 deshalb die Installierung eines Ratspräsidenten und damit die Aufwertung dieser Institution durch.[65]

Der Gipfel von Den Haag

Eine Wende zu neuer Vitalität der Gemeinschaft sollte die Gipfelkonferenz von Den Haag 1969 bringen: »Anfang der 70er schien ›ein europäischer Neubeginn‹ bevorzustehen. (…) Bis

63 Brunn, 2002, S. 148

64 Basler Zeitung vom 8.4.2012

65 Vgl. Wehr, 2004, S. 70

zum Jahre 1973 traten Großbritannien, Irland und Dänemark der EG bei; die Anfänge der Europäischen Politischen Zusammenarbeit (EPZ) auf dem Gebiet der Außenpolitik wurden vereinbart. 1972 wurde die Einführung einer gemeinsamen Regionalpolitik (Regionalfonds) sowie einer gemeinsamen Politik in den Bereichen Soziales, Industrie, Wissenschaft und Technologie, Energie und Umwelt beschlossen.«[66] Euphorisch hieß es: »Mit dem Haager Gipfel wurde die siebenjährige Blockade der Gemeinschaft durch Frankreich aufgehoben, und sie lief gewissermaßen zum zweiten Mal vom Stapel.«[67]

Die wichtigste Vereinbarung von Den Haag betraf die Wirtschafts- und Währungspolitik. Im Kommuniqué des Gipfels wurde festgelegt, dass »ausgehend vom Memorandum der Kommission vom 12. Februar 1969 (...) im Laufe des Jahres 1970 ein Stufenplan für die Errichtung einer Wirtschafts- und Währungsunion ausgearbeitet wird.«[68] Beauftragt wurde damit der luxemburgische Ministerpräsident und Finanzminister Pierre Werner. »Sein Bericht ›über die stufenweise Verwirklichung der Wirtschafts- und Währungsunion in der Gemeinschaft‹[69] kam erstens zu dem Schluss, dass der gemeinsame Binnenmarkt durch die Existenz ›nicht tarifärer Handelshemmnisse‹ (unterschiedliche Sicherheitsvorschriften, nationale Normen, Steuern etc.) behindert werde, und drängte auf deren Beseitigung. Zweitens forderte er angesichts des wirtschaftspolitischen Integrationsdefizits, dass der Binnenmarkt durch ein höheres Maß an wirtschafts- und währungspolitischer Koordination und durch gemeinsame Aktivitäten ergänzt werden müsse. Er entwickelte einen Vorschlag, wie die wirtschafts- und

66 Deppe, 1993, S. 8

67 Brunn, 2002, S. 182

68 Kommuniqué der Gipfelkonferenz der EWG in Den Haag vom 2. Dezember 1969, in: Ellwein, 1973, S. 584

69 Amtsblatt der Europäischen Gemeinschaften, C 136 vom 11.11.1970

währungspolitische Integration in drei Stufen vorangebracht und nach 10 Jahren – also im Jahre 1980! – mit der Errichtung einer Wirtschafts- und Währungsunion abgeschlossen werden könnte.«[70]

Der Werner-Plan von 1970 scheiterte aber an den bald einsetzenden internationalen Währungsturbulenzen. Im Mai 1971 wurde die Parität der D-Mark zum Dollar aufgehoben, im August des Jahres gaben die USA die Goldbindung ihrer Währung auf. Damit existierten die seit dem Ende des Zweiten Weltkriegs bestehenden festen Austauschverhältnisse zwischen den wichtigsten Währungen nicht mehr, die Wechselkurse floateten, d. h. sie bewegten sich frei. Es folgte eine erhebliche Abwertung der US-amerikanischen Währung von über vier DM pro Dollar im Jahr 1971 auf nicht einmal mehr zwei DM im Jahr 1978. Auch die anderen europäischen Währungen werteten gegenüber dem US-Dollar entsprechend auf. Auf diese Herausforderung reagierten die EG-Länder mit einem Wechselkursverbund untereinander, der nur gewisse Bandbreiten von Auf- und Abwertungen zuließ.

Die Weltwirtschaftskrise 1974/75, ausgelöst von einem drastischen Anstieg der Erdölpreise im Herbst 1973, schwächte aber diesen Wechselkursverbund. Die Staaten bekämpften in der Krise Nachfrageschwäche und Arbeitslosigkeit mit ihrer jeweils eigenen Geld- und Währungspolitik und verfolgten dabei keynesianische Ansätze. Die für den Währungsverbund notwendige monetäre Disziplin war so nicht herstellbar. Einige Länder verließen denn auch bald wieder den Verbund, Frankreich 1974 und 1976 gleich zweimal, nachdem es zwischenzeitlich wieder eingetreten war. »Die ›Renationalisierung‹ der Politik war die Folge einer Aufwertung der nationalstaatlichen Interventions- und Schutzfunktionen im Bereich der Außen-

70 Huffschmid, 1994, S. 38 f

wirtschaftspolitik (Protektionismus) wie der Innenpolitik, wo zunächst einmal infolge des massiven Anstiegs der Arbeitslosigkeit sozialpolitischer Handlungsbedarf entstand.«[71]

EFTA und Erweiterungen der EG

Erfolgreicher war die Gemeinschaft mit ihrer Erweiterungspolitik. Nach zweimaligem Scheitern kam es 1973 zum Beitritt Großbritanniens. Auch Dänemark, Norwegen und Irland hatten sich zu einem Beitrittsgesuch entschlossen, waren sie doch außenwirtschaftlich stark von Großbritannien abhängig und blieb ihnen daher nichts anderes übrig, als ihrem Haupthandelspartner in die EG zu folgen. In Norwegen jedoch wurde 1972 der Beitritt in einem Referendum abgelehnt: 53,9 Prozent der Abstimmenden sagten Nein. Auch ein zweiter Versuch endete 1994 mit einer Zurückweisung durch die Bevölkerung. Bis heute befindet sich daher das Land außerhalb der EU. In Irland, Dänemark und Großbritannien gab es hingegen klare Mehrheiten für einen Beitritt. In Großbritannien waren sogar 67,2 Prozent dafür. »Einen solchen Rückhalt hatte ›Europa‹ nie zuvor in der britischen Bevölkerung gehabt und sollte es auch danach nie mehr erreichen.«[72] Griechenland wurde 1981 Mitglied, Spanien und Portugal folgten 1986.

Mit den Übertritten Großbritanniens sowie Dänemarks und später Portugals von der EFTA zur EG war zugleich der Konkurrenzkampf zwischen diesen beiden Vertragssystemen zugunsten der Gemeinschaft entschieden.[73] Die Ausgangsbedingungen waren von Beginn an für die EFTA sehr viel un-

71 Deppe, 1993, S. 9

72 Brunn, 2002, S. 191

73 Die European Free Trade Association (EFTA) war am 4. Januar 1960 gegründet worden. Mitglieder waren Dänemark, Großbritannien, Norwegen, Österreich, Portugal, Schweden und die Schweiz. Finnland und Island kamen später hinzu.

günstiger als für die EG, verfügte sie doch über kein zusammenhängendes Territorium und waren ihre Strukturen sehr heterogen: Wenige Industrieländer standen Staaten gegenüber, deren Volkswirtschaften auf Fischerei und Landwirtschaft (Norwegen und Dänemark) bzw. auf Finanzen und Tourismus (Schweiz) ausgerichtet waren. Hinzu kam bei einigen der EFTA-Mitglieder eine in den 70er Jahren wachsende Außenhandelsfixierung auf die EG.

Europäisches Währungssystem

Erst als sich die Staaten der EG, einer nach dem anderen, auf das neoliberale Konzept des absoluten Vorrangs der Geldmengenstabilität verpflichtet hatten, gab es auch für die Schaffung eines funktionierenden Währungsverbunds wieder eine Chance. 1978 wagten Helmut Schmidt und Valéry Giscard d'Estaing mit dem Europäischen Währungssystem (EWS) einen neuen Anlauf. »Voraussetzung für die Annäherung der deutschen und französischen Positionen war der ›tournant de l'histoire économique française‹ (Die historische Wende der französischen Ökonomie, A.W.) (...) in der Geldpolitik Frankreichs durch das von Giscard und Barre ausgearbeitete ›Programm von Blois‹, welches (...) die Hinwendung zum Konzept der Währungsstabilität in der Wirtschaftspolitik (Milton Friedmann) vorsah und bereits in der Bundesrepublik verfolgt worden war. Frankreich musste nachziehen, was die Anerkennung einer Politik der Preisstabilität durch Wettbewerbswirtschaft bedeutete.«[74]

Der erneute Anlauf zu einem europäischen Währungsverbund verlangte aber auch von der Bundesrepublik Deutschland eine veränderte Haltung. »Hatte die westdeutsche Regierung nach dem Scheitern des Projekts der Wirtschafts- und Währungsunion (WWU) der EG 1971 die Gleichschaltung der

74 Gehler, 2010, S. 254

Wirtschaftspolitik der einzelnen Länder unter den Auspizien der Stabilitätspolitik als Voraussetzung weiterer Integrationsschritte gefordert und sich in der später auf den DM-Block reduzierten Währungsschlange verschanzt, so stimmte sie nun wieder Schritten zur Schaffung einer einheitlichen Währungspolitik der EG-Länder zu. Diese Umorientierung muss im Zusammenhang mit der anhaltenden Krise des US-Dollars, deren Druck sich 1978 verstärkte, und den trotz flexibler Wechselkurse begrenzten Möglichkeiten einer nationalen Stabilitätspolitik zur Abwehr des Aufwertungsdrucks gesehen werden.«[75] Danach war das EWS »1979 auf Initiative des deutschen Bundeskanzlers Helmut Schmidt und des französischen Staatspräsidenten Giscard d'Estaing geschaffen worden, um die Unsicherheiten wenigstens für die EG zu beschränken, die nach dem Zerfall des Dollar-Systems von Bretton Woods die internationalen Währungsbeziehungen beherrschten.«[76]

Doch das Europäische Währungssystem scheiterte. Über die Gründe heißt es: »Die nationale und merkantilistische Antiinflations- und Unterbewertungsstrategie der Bundesbank hat offensichtlich schließlich den Bogen überspannt. Da sie den schwächeren Ländern wie Italien und England keine Zeit, keinen Spielraum und keine Unterstützung für die Verbesserung ihrer wirtschaftlichen Leistungsfähigkeit gegeben hat, haben die Defizite dieser Länder zugenommen. Um Kapitalabfluss zu vermeiden, mussten sie die Zinsen heraufsetzen, zum Schaden für die inländischen Investitionen und die Konjunktur. Dies und die dauerhaft prekäre Leistungsbilanz waren die Grundlage für Abwertungsspekulationen. Die notwendigen Stützungsaktionen, um diese abzuwehren, wurden immer teurer. Schließlich wollte die Bundesbank nicht mehr mithalten. Sie veran-

75 Jung/Schleifstein, 1979, S. 95f

76 Huffschmid, 1994, S. 90

lasste die italienische Regierung zu einer Abwertung. Um einen solchen prestigeschädigenden Schritt zu vermeiden, verließ England das EWS. Italien folgte, um nicht zu einer erneuten Abwertung gezwungen zu werden. Anfang August 1993 brach das EWS dann zusammen. Frankreich hatte seine Devisenreserven zur Stützung des Franc aufgebraucht. Die Bundesbank war nicht bereit, ihren – zu den Kernbestandteilen der EWS-Vereinbarungen gehörenden – unbeschränkten Stützungsverpflichtungen nachzukommen.«[77] Das Europäische Währungssystem existierte zwar formal noch bis zur Einführung des Euro am 1. Januar 1999, da nach der Krise 1993 Schwankungsbreiten der Austauschrelationen der Währungen zueinander bis zu 15 Prozent nach oben und unten erlaubt waren, hatte es faktisch aber keine Bedeutung mehr.[78]

Mit dem Zusammenbruch des EWS hatte sich abermals gezeigt, dass die Mitgliedstaaten in Krisensituationen – ungeachtet der immer wieder von ihnen hoch gehaltenen Selbstverpflichtung, »eine immer engere Union« schaffen zu wollen – in erster Linie stets die eigenen Interessen im Auge haben. Dies gilt vor allem für das wirtschaftlich stärkste Mitgliedsland, die Bundesrepublik Deutschland.

77 Huffschmid, 1994, S. 108 f

78 Für EU-Staaten, die nicht Mitglieder der Euro-Zone sind, wurde der Wechselkursmechanismus II im Rahmen des Europäischen Währungssystems II geschaffen. Gegenwärtig ist nur Dänemark Mitglied in diesem System.

III.
1985 – 2005: Zeit der schnellen Integration

Ein freier und unbegrenzter Binnenmarkt

Mitte der achtziger Jahre führten Interessenverbände des Kapitals, Medien und Regierungen Klage über die »Eurosklerose«. Gemeint war damit eine Verlangsamung des Integrationsprozesses. Die Rede war von einer »Technologielücke« zwischen Europa und seinen wichtigsten Konkurrenten. Ist es heute China, in dem eine Bedrohung gesehen wird, so waren es damals die USA und Japan, von denen erwartet wurde, dass sie der EG enteilen würden.

Die Bedingungen für eine Beschleunigung der Integration waren günstig, denn die bis Ende der siebziger Jahren allgemein verfolgte keynesianische Politik des Deficit Spending zeigte sich nicht mehr in der Lage, die seit der Krise 1974/75 anhaltend hohe Arbeitslosigkeit zu vermindern, sie führte nur noch zu weiter wachsenden Staatsschulden.[79] Die Antwort darauf bestand in der umfassenden Revitalisierung des Kapitalismus. In der Bundesrepublik wurde sie noch in der Regierungszeit von

79 Zu den Ursachen und politischen Folgen dieser Entwicklung vgl. Streeck 2013, S. 79-139

Helmut Schmidt eingeleitet und 1982, nach dem Wechsel der FDP zur CDU/CSU, unter Helmut Kohl zum Regierungsprogramm. Bereits 1979 waren in Großbritannien die Konservativen unter Margaret Thatcher an die Macht gekommen. In den USA war der neoliberale Ronald Reagan seit 1981 Präsident. Allein Frankreich verfolgte zunächst noch eine andere Strategie. Unter Präsident François Mitterrand setzte 1981 die Linksregierung von Sozialisten und Kommunisten noch einmal auf eine keynesianische Politik und brachte dazu Beschäftigungsprogramme auf den Weg. Diese Maßnahmen waren aber nicht von einer entsprechenden Ordnungspolitik, von Investitionsgeboten, Kapitalverkehrskontrollen und Verpflichtungen zur Schaffung bzw. zum Erhalt von Arbeitsplätzen begleitet – und so verpufften sie denn auch hier. 1983 wechselte Mitterrand abrupt die Strategie und verfolgte seitdem ebenfalls eine Politik der unbedingten Währungsstabilität.

Eingeleitet und gelenkt wurde diese Wende in Frankreich vom Wirtschafts- und Finanzminister Jacques Delors, der bald darauf Präsident der Europäischen Kommission wurde. Sogleich verkündete er ein äußerst ehrgeiziges Arbeitsprogramm, das er in Straßburg den Europaabgeordneten vortrug. Im Mittelpunkt stand die Klage über »eine geschwächte Dynamik der europäischen Wirtschaft«. Zugleich zeigte er sich aber »überzeugt davon, dass ein Aufschwung möglich ist, sofern die Unternehmen in die Lage versetzt werden, die potenzielle Dimension des großräumigen Marktes voll zu nutzen, und sofern die Mitgliedstaaten ihre Wirtschaftspolitik in ihrem gemeinsamen Kampf für Wachstum und Beschäftigung kohärenter und dynamischer gestalten«. Als Hauptursache für die »geschwächte Dynamik der europäischen Wirtschaft« benannte Delors die »Abschottung des Gemeinsamen Marktes«, weil sie zu »unproduktiven Belastungen führt, die die internationale Wettbewerbsfähigkeit der europäischen Industrien verteuern«. Die Kommission setzte sich deshalb »die Verwirklichung des Binnenmarkts spätestens für das Jahr 1992« zum Ziel.[80]

Die angebliche »Eurosklerose« sollte also durch mehr Wettbewerb und mehr Binnenmarkt überwunden werden. Damit sollte, zumindest auf längere Sicht, eine höhere Beschäftigungsquote erreicht werden. Doch tatsächlich führte die Wettbewerbssteigerung vor allem zu mehr Rationalisierungsinvestitionen der Unternehmen und damit zu Arbeitsplatzabbau. Auch die Anzahl der Konkurse und Unternehmensfusionen erhöhte sich deutlich. Delors war wie kaum ein anderer geeignet, die gegenüber einer solchen Entwicklung bestehenden Vorbehalte und Ängste zu zerstreuen. Als Sozialist und ehemaliger französischer Gewerkschaftsfunktionär verstand er es meisterhaft, die europäische Sozialdemokratie sowie die Gewerkschaften für sein Projekt der Vollendung des Binnenmarkts einzunehmen, indem er auch die Schaffung einer Beschäftigungsunion mit in sein Programm aufnahm. Tatsächlich blieb diese dann 1997, mehr als zehn Jahre nach Start des Binnenmarktprojekts, endlich auf den Weg gebrachte Beschäftigungsunion so gut wie wirkungslos. Einmal mehr hatten sich die Gewerkschaften von einem Sozialisten hinters Licht führen lassen.

Gegenseitige Anerkennung statt Harmonisierung

Das Binnenmarktprojekt wurde auf dem europäischen Gipfel in Mailand am 29./30. Juni 1985 auf den Weg gebracht. Dort stimmten die Regierungschefs der Mitgliedsländer den Empfehlungen des Weißbuchs der Kommission *Vollendung des Binnenmarkts* zu. Man ging dabei davon aus, dass der bereits in den Römischen Verträgen vorgesehene schrankenlose Wettbewerb

80 Arbeitsprogramm der Kommission der Europäischen Gemeinschaften für 1985, dem Europäischen Parlament durch den Präsidenten der EG-Kommission, Jacques Delors, vorgelegt am 12. März 1985, Bulletin der EG, Kommission, Beilage 4/1985, 18. Jahrgang

deshalb nicht zustande gekommen war, weil sich die Mitgliedstaaten mit Hilfe unzähliger nichttarifärer Handelshemmnisse gegen den Import von Waren und Dienstleistungen aus anderen EG-Staaten abzuschirmen wussten. Und diese Hemmnisse konnten bisher nur durch Harmonisierungsentscheidungen auf EG-Ebene überwunden werden, was in der Regel einstimmige Beschlüsse im Rat verlangte, ein komplizierter und langwieriger Prozess. Nach Ansicht der Kommission war »eine Strategie, die gänzlich auf der Harmonisierung aufbaut, zu viel reglementieren würde, zu zeitraubend und unflexibel«, sie könnte »Innovationen ersticken«.[81]

Im Weißbuch wurde daher eine völlig andere Strategie vorgeschlagen: War bisher die europaweite Vereinheitlichung der Rechtsvorschriften Voraussetzung dafür, dass eine bestimmte Ware oder Dienstleitung ungehindert auf dem Binnenmarkt gehandelt bzw. angeboten werden konnte, so sollten künftig nicht mehr vorab »überall die gleichen Regeln gelten müssen«. Waren und Dienstleitungen sollten vielmehr schon dann auf den Binnenmarkt kommen können, wenn sie lediglich im Herstellungs- bzw. Ursprungsland zugelassen bzw. genehmigt waren. »Abgesehen von gewissen zwingenden Ausnahmen (...) sollte allgemein folgender Grundsatz Geltung erhalten: Wenn ein Erzeugnis in einem Mitgliedsland rechtmäßig hergestellt und in Verkehr gebracht worden ist, ist nicht einzusehen, warum es nicht überall in der Gemeinschaft ungehindert verkauft werden sollte.«[82] Es ging demnach um die Durchsetzung des Herkunftslandprinzips. Der Europäische Gerichtshof hatte dieses Prinzip bereits in seiner Entscheidung im Fall Cassis de Dijon 1979 anerkannt. Die Bundesrepublik hatte seinerzeit

81 Vgl. Vollendung des Binnenmarktes, Weißbuch der Kommission, KOM (85) 310 endg. vom 14.6.1985, S. 18, Tz. 64

82 Vgl. Weißbuch, a. a. O., S. 17, Tz. 58

die Einfuhr eines in Frankreich produzierten Likörs abgelehnt, da sein Alkoholgehalt eine in Deutschland geltende Mindestschwelle unterschritt, um als Likör anerkannt zu werden. Der Gerichtshof hob das Einfuhrverbot mit der Begründung auf, dass es »keinen stichhaltigen Grund dafür (gibt), zu verhindern, dass in einem Mitgliedstaat rechtmäßig hergestellte und in den Verkehr gebrachte alkoholische Getränke in die anderen Mitgliedstaaten eingeführt werden (…)«.[83]

Das Prinzip des Diskriminierungsverbots eines in einem Mitgliedstaat rechtmäßig hergestellten Produkts sollte von nun an generell gelten. Da nicht länger ein aktives Handeln, ein »positiver Harmonisierungsakt« zur Zulassung einer Ware oder Dienstleistung in anderen Mitgliedsländern notwendig war, nannte man dieses Vorgehen auch »negative Integration«. An die Stelle eines Binnenmarkts auf der Grundlage gemeinsam vereinbarter Mindestnormen trat ein liberaler, ungeregelter Markt des laissez faire.

Im Weißbuch der Kommission wurden 300 Vorschläge zur Schaffung eines »echten Binnenmarkts« ohne materielle, technische und steuerliche Schranken gemacht. Ausgenommen davon waren lediglich Güter und Dienstleistungen, bei denen Sicherheits- und Gesundheitsvorschriften der Mitgliedstaaten die Kontrolle der einzuhaltenden Standards erforderlich machen. Unberücksichtigt blieb auch die Produktion von Rüstungsgütern, da sie in einem unmittelbaren Zusammenhang mit der Verteidigungsfähigkeit und somit der Bewahrung der nationalen Souveränität steht.

Auf dem Mailänder Gipfel wurde auch eine Regierungskonferenz mit dem Auftrag eingesetzt, auf Grundlage des Weißbuchs einen Änderungsvertrag zum Römischen EWG-Vertrag auszuarbeiten. Diese erste größere Änderung des Gründungs-

83 EuGH, NJW 1979, S. 1766 = Slg. 1979, S. 649

vertrags wurde als Einheitliche Europäische Akte (EEA) am 17./28. Februar 1986 beschlossen und am 1. Juli 1987 in den Vertrag eingefügt. Hinsichtlich der Vollendung des Binnenmarkts enthielt die EEA einen Gesetzgebungsauftrag: »Die Gemeinschaft trifft die erforderlichen Maßnahmen, um bis zum 31. Dezember 1992 (…) den Binnenmarkt schrittweise zu verwirklichen.«[84] Die Nennung dieser Frist war eine politische Willenserklärung und sollte den europäischen Gesetzgeber anspornen. Tatsächlich waren bis 1992 etwa 90 Prozent der im Weißbuch vorgeschlagenen Rechtsakte erlassen worden[85], denn das Programm zur Verwirklichung des Binnenmarktes »passte ausgezeichnet in eine Zeit, in der sich der Kapitalismus nach der großen Krise von Mitte der 70er bis Anfang der 80er Jahre in aller Welt erholte und durch technologische Modernisierung und verstärkte Internationalisierung neue Kraft entwickelte.«[86]

Die Aufgabe der Einstimmigkeit

Der Gipfel von Mailand sollte aus einem weiteren Grund einen Wendepunkt in der Geschichte der europäischen Integration darstellen. Da sich auf der Tagung drei Staaten – Großbritannien, Dänemark und Griechenland – aus verschiedenen Gründen beharrlich dem Beschluss über eine Vertragsänderung widersetzten, wurde kurzerhand darüber abgestimmt. Damit wurden, im Widerspruch zu dem von Frankreich durchgesetzten Luxemburger Kompromiss von 1966, wonach das Mehrheitsprinzip bei »sehr wichtigen Interessen eines oder mehrerer Partner« nicht zur Anwendung kommen soll, Mitgliedstaaten

84 Vgl. Artikel 8a EEA, in der geltenden Fassung dieser Bestimmung (gegenwärtig Artikel 26 des Vertrags über die Arbeitsweise der Europäischen Union, AEUV) ist diese Frist nicht mehr enthalten.

85 Vgl. Schwarze, 2009, S. 377, Randnr. 18

86 Huffschmid, 1994, S. 84

in einer wichtigen Frage in die Minderheit versetzt. Der von deutscher Seite immer bekämpfte Kompromissmodus von Luxemburg war damit durchbrochen worden. Nicht zufällig ging die Initiative für eine Abstimmung vom deutschen Außenminister Hans-Dietrich Genscher aus. Der französische Staatspräsident François Mitterrand warnte hingegen davor. Über den Ablauf der Ereignisse wurde folgendes berichtet: »Um den Widerstand gegen die Vertragsreform zu überwinden, brachte die Kommission das Projekt des Binnenmarktes ein. Mit diesem Schachzug setzte Delors seinen großen Widerpart, Margaret Thatcher, matt, denn die Vollendung des Binnenmarkts mit dem freien Verkehr für Waren und Dienstleistungen entsprach dem zentralen freihändlerischen Anliegen der Engländer, das sie in Europa verwirklicht sehen wollten. Briten und Dänen akzeptierten die Einführung der Mehrheitsentscheidung in allen Fragen des Binnenmarkts als notwendige Bedingung für seine Realisierung.«[87] In der EEA wurde dann das Prinzip der Mehrheitsentscheidung fixiert. Seitdem wird in Angelegenheiten des Binnenmarkts, soweit weiterhin eine Harmonisierung erforderlich ist, mit qualifizierter Mehrheit abgestimmt.

Dieser Deal – freier Binnenmarkt gegen Zulassung der Mehrheitsentscheidung – hob das Recht der Mitgliedsländer auf, durch Einlegung des Vetos einen Beschluss verhindern zu können. Die Verabschiedung der Einheitlichen Europäischen Akte stellte daher zugleich eine umfassende Entdemokratisierung dar, denn Widerstand gegen eine Harmonisierungsmaßnahme ist mit Aussicht auf Erfolg bestenfalls auf der nationalstaatlichen Ebene organisierbar. Doch dies ist seit 1986 weitgehend wirkungslos, da ein widerspenstiges Land mittels einer qualifizierten Mehrheit im Rat überstimmt werden kann.

---

87 Brunn, 2002, S. 241

Der unvollendete Binnenmarkt

Der Binnenmarkt ist bis heute nicht vollendet. Im Februar 2012 hat die Kommission einen Bericht über seine Weiterentwicklung vorgelegt.[88] Seit 1986 kamen ganze Regelungsbereiche hinzu, so etwa der europäische Finanzdienstleistungsmarkt. Mit dieser Liberalisierungsmaßnahme trug man übrigens dazu bei, dass die Finanzmarktkrise in Europa solch verheerende Auswirkungen haben konnte.

Mit der Dienstleistungsrichtlinie von 2004 wurde auch in diesem Bereich ein vollständig liberalisierter Markt geschaffen. »Demnach unterliegt der Dienstleistungserbringer einzig den Rechtsvorschriften des Landes, in dem er niedergelassen ist. Davon abweichende Auflagen des Tätigkeitslandes werden schlicht verboten. Nur das Herkunftsland soll denn auch kontrollieren können, ob seine im EU-Ausland tätigen Dienstleister die eigenen heimischen Vorschriften einhalten, wenn sie in einem anderen Mitgliedstaat aktiv sind. Das Herkunftslandprinzip bildet somit den harten Kern für die Gestaltung des sogenannten freien Dienstleistungsverkehrs innerhalb der EU.«[89]

Seit Ende der achtziger Jahre gerieten die öffentlichen Unternehmen der Mitgliedsländer in den Blick der europäischen Deregulierer. Nach dem Verständnis der Kommission sind Dienstleistungen grundsätzlich allein durch ihre Entgeltlichkeit definiert. Demzufolge fallen wichtige Teile der staatlichen Daseinsvorsorge in den Geltungsbereich der Binnenmarktfreiheiten und unter das den Binnenmarkt regelnde Wettbewerbsrecht.[90] Die Folge

88 Vgl. Commission Staff Working Document. Delivering the Single Market Act: State of Play, SWD (2012) 21 final, 15.2.2012

89 Dräger / Wagenknecht, 2005, S. 11; Vgl. auch Bsirske / Deppe / Lindner / Skarpelis-Sperk, 2006

90 Eine umfassende Übersicht über die Problematik von europäischer Marktintegration und mitgliedstaatlicher Daseinsvorsorge findet sich bei Welti, 2005, S. 529-569

davon waren umfassende Privatisierungen bei Post und Telekommunikation, in der Verkehrsinfrastruktur, der Energieversorgung sowie bei bis dahin öffentlich-rechtlich organisierten Banken.[91]

Die Folgen des Binnenmarkts

Die mit dem Binnenmarktprojekt verfolgte Strategie der Dynamisierung der europäischen Wirtschaft hat vor allem zur Stärkung europäischer Großkonzerne geführt. »So ist im Zusammenhang mit der Einführung des Binnenmarktprogramms im Zeitraum von 1987 bis 1990 eine Fusionswelle zu verzeichnen. Es ging um Zugang zu einem Großmarkt und um den Ausbau von Positionen in der verschärften Konkurrenz auf diesem Markt.«[92] Die mächtigsten dieser Konzerne nutzten ihre so gestärkte Stellung im europäischen Heimatmarkt mit mehr als 500 Millionen Bewohnern, um von dieser Basis aus den Kampf um den Weltmarkt aufzunehmen. Im weltweiten Ringen ist »der Ausbau seiner Machtposition innerhalb der Europäischen Union (…) für das Großkapital eine Frage seiner Existenz und weiterer Expansionsmöglichkeiten im internationalen Maßstab. Machtstruktur und die internationale Stellung des EU-Großkapitals haben sich weiter gefestigt. (…) Unter den Top 100 haben 57 Konzerne ihren Sitz im EU-Wirtschaftsraum und nur noch 20 in den USA.«[93]

Und in einer Studie über die Auswirkungen des Binnenmarktprogramms heißt es: »Eine (wirtschaftliche) Bilanz der europäischen Integration der 80/90er Jahre dürfte aus der Sicht der weltmarkt- und auf den europäischen Binnenmarkt orientierten europäischen Unternehmen wohl überwiegend positiv ausfallen, ihre Forderungen nach der Schaffung einer ›Home

91 Vgl. hierzu Bieling / Deckwirth / Schmalz, 2007

92 Binus, 2006, S. 28

93 Binus, 2010, S. 7

Base‹ zur Erhaltung resp. zum Ausbau ihrer Wettbewerbsfähigkeit wurden weitgehend erfüllt.«[94]

Der Binnenmarkt sorgte auch innerhalb der Gemeinschaft für eine neue Machtverteilung. Es sind die großen Konzerne Kerneuropas, und hier vor allem die deutschen, die vom Raum ohne Binnengrenzen profitieren und ihre Konkurrenten aus der Peripherie niederkonkurrieren. Die scharfe Trennung von Kern und Peripherie in der EU ist nicht erst seit Einführung des Euro zu beobachten, sie entstand bereits im Binnenmarkt. So hat die Deindustrialisierung Griechenlands »nach dem Eintritt Griechenlands 1981 in die EU eingesetzt.«[95] Und über Spanien heißt es: »Eine grundlegende Schwierigkeit des Landes liegt darin, dass es kaum über eine eigene Industrie verfügt. Die zahlreichen Autofabriken gehören sämtlich ausländischen Konzernen. Ähnlich verhält es sich in vielen anderen Industriezweigen.«[96] Entsprechendes kann heute auch über Portugal und die osteuropäischen Beitrittsländer gesagt werden.

Verheerend sind die Auswirkungen des Binnenmarkts auch für die Lohnabhängigen. In dem 1988 vorgelegten Cecchini-Bericht[97] war noch vorausgesagt worden, dass durch die Wirkungen des Binnenmarktes das Wachstum – nach Ablauf einer sechsjährigen Übergangszeit – um 4,5 Prozent höher, die Inflation hingegen um 6,1 Prozentpunkte niedriger ausfallen würden. Erwartet wurden mindestens 1,8 Millionen zusätzliche Arbeitsplätze. Doch das war nicht mehr als die propagandistische Begleitung des Projekts. Tatsächlich blieb das Wachstum in der EG niedrig, gestiegen ist hingegen die Zahl der Arbeitslosen: »Gegenüber der zweiten Hälfte der 80er Jah-

---

94 Ziltener, 2002, S. 22

95 Frankfurter Allgemeine Zeitung vom 8.5.2010

96 Frankfurter Allgemeine Zeitung vom 1.8.2011

97 Vgl. Cecchini, 1988

re hat sich das Wirtschaftswachstum in der EU in der ersten Hälfte der 90er Jahre von 3,3 Prozent pro Jahr auf 1,4 Prozent pro Jahr verringert; die Zahl der Beschäftigten ist von 1991 bis 1995 um knapp vier Millionen gesunken, die der registrierten Arbeitslosen um mehr als vier Millionen gestiegen.«[98]

Der Binnenmarkt wird zu Recht als Kern der EU bezeichnet. Und die ihm zugrunde liegenden vier Grundfreiheiten – freier Verkehr von Waren, Personen, Dienstleistungen und Kapital – stellen faktisch die Verfassung der Union da. Es ist die Verfassung einer weitgehend unbeschränkten kapitalistischen Wirtschaftsordnung.

Der Weg zum Euro

Am 7. Februar 1992 wurde der Vertrag von Maastricht unterzeichnet. Es war nach der Einheitlichen Europäischen Akte die zweite Reform der Römischen Verträge. Weitere Änderungsverträge kamen später hinzu: 1997 der Vertrag von Amsterdam, 2000 der von Nizza und 2007 der Lissabonner Vertrag. Doch der von Maastricht blieb der wichtigste, denn mit ihm kam der Vertrag über die Europäische Union (EUV) zu den bestehenden Verträgen hinzu.[99] Der neue EUV enthielt Bestimmungen über eine aufgewertete Gemeinsame Außen- und Sicherheitspolitik und ganz neu war der Bereich über die Zusammenarbeit in den Bereichen Justiz- und Inneres. Damit wurden die zuvor außerhalb des Rahmens der Union abgeschlossenen Schengener Abkommen über den freien Grenzverkehr in Europa und über die

98 Huffschmid, 1997, S. 1088

99 Seit dem Inkrafttreten des Vertrags über die Europäische Union am 1. November 1993 wird von der Europäischen Union (EU) und nicht länger mehr von der Europäischen Gemeinschaft (EG) gesprochen. Auch im folgenden Text ist daher nur noch von der EU die Rede.

Kontrolle der Außengrenzen in den institutionellen Rahmen der EU einbezogen. Die neue Europäische Union stand seit dem Vertrag von Maastricht somit auf drei Säulen: Der Europäischen Gemeinschaft, der Gemeinsamen Außen- und Sicherheitspolitik und der Zusammenarbeit in den Bereichen Justiz und Inneres.

Mit dem EU-Vertrag sollte zugleich der politische Wille zum Ausdruck gebracht werden, »die bisherige Zwölfergemeinschaft (EG) bis zum Ende der neunziger Jahre zu einer umfassend geeinten Europäischen Union und damit zu einem vollintegrierten, dauerhaften und handlungsfähigen Verband ihrer Mitglieder weiterzuentwickeln.«[100] Dafür wurden einige mehr oder weniger symbolische Integrationsschritte beschlossen. Es wurde die Unionsbürgerschaft geschaffen, die u. a. dazu berechtigt, diplomatischen und konsularischen Schutz in Drittländern durch jedes Land der EU zu erhalten. Neu war auch das aktive und passive Wahlrecht für EG-Bürger bei Kommunal- und Europawahlen an ihrem jeweiligen Wohnort innerhalb der EU. Hinzu kamen schließlich das Recht, Petitionen an das Europäische Parlament zu richten und die Möglichkeit, sich mit Beschwerden an einen Bürgerbeauftragten zu wenden.

Die wichtigste in Maastricht getroffene Entscheidung war aber die über den Fahrplan für eine Wirtschafts- und Währungsunion (WWU) mit der gemeinsamen Währung als Ziel. Dabei glaubten die Unterzeichner des Vertrags im Februar 1992 noch an ein funktionierendes Europäisches Währungssystem anknüpfen zu können. Doch das EWS kollabierte nur wenige Monate später. Kritiker des Systems zogen daraus den Schluss, dass die in Maastricht konzipierte Währungsunion »nach dem Zusammenbruch des EWS wohl keine Realisierungschance mehr hat.«[101] Doch bekanntlich kam es anders.

---

100 Läufer, 1994, S. 9

101 Huffschmid, 1994, S. 117

Die entscheidenden Verhandlungen über den Vertrag von Maastricht fanden 1990 zeitgleich mit den Umwälzungen in der DDR und anderen Ländern Osteuropas statt. Es spricht daher viel dafür, dass die französische Regierung als Preis für ihre Zustimmung zur Eingliederung der DDR in die Bundesrepublik die zügige Verwirklichung der gemeinsamen Währung verlangte, um auf diese Weise das nun noch mächtiger werdende Deutschland in Europa einzubinden.[102] Doch auch die stark exportorientierte bundesdeutsche Industrie hatte immer ein Interesse an einer gemeinsamen europäischen Währung, können doch so die lästigen Wechselkursschwankungen beseitigt werden. Unterstützt wurde sie dabei von den deutschen Gewerkschaften, insbesondere von der IG Metall. In einem Thesenpapier des DGB zur Währungsunion von 1997 hieß es: »Schwankende Wechselkurse und DM-Aufwertungen haben der deutschen Exportwirtschaft geschadet und zu Wachstums- und Beschäftigungsverlusten geführt. Die Wirtschafts- und Währungsunion führt zu Wohlstandsgewinnen (...). Die Wirtschafts- und Währungsunion bietet keine Garantie für mehr Beschäftigung – sie schafft jedoch bessere Handlungsspielräume. Diese gilt es auszufüllen.«[103]

Der deutschen Bundesregierung gelang es in den Verhandlungen über die WWU, deren Ausgestaltung weitgehend zu bestimmen. So wurde die Europäische Zentralbank nach dem Vorbild der Bundesbank konzipiert und ihre Unabhängigkeit von der Politik vertraglich garantiert. Es wurden Konvergenzkriterien für die Aufnahme in die WWU festgelegt, mit denen die Stabilität der gemeinsamen Währung gesichert werden sollte. Die beiden wichtigsten davon waren eine Obergrenze von 3 Prozent der jährlichen Neuverschuldung und eine Gesamt-

102 Vgl. Der Spiegel vom 27.9.2010

103 DGB-Bundesvorstand, 1997, S. 1

staatsschuld von höchstens 60 Prozent des Bruttoinlandsprodukts. Da die letztere Bedingung gleich von mehreren Ländern – etwa von Belgien, Griechenland und Italien – bei ihrem Beitritt zur WWU nicht eingehalten wurde, hatte dieses Kriterium »offensichtlich einen symbolischen Charakter und sollte wohl eher disziplinierend wirken«.[104]

Sollte also mit der Einführung der gemeinsamen Währung die Domestizierung Deutschlands französisches Ziel gewesen sein, so ist es jedenfalls verfehlt worden. Die Stellung Deutschlands ist heute stärker denn je und dies gerade wegen des Euros, der den Siegeszug der deutschen Industrie in Europa und weltweit enorm begünstigt. So ist es heute Berlin, das die Bedingungen in der Euro-Zone und in der gesamten EU diktiert, die übrigen Länder – nicht zuletzt Frankreich – haben zu folgen.

Die Ratifizierungskrise

Der Vertrag von Maastricht trat am 1. November 1993 und damit fast zwei Jahre nach seiner Unterzeichnung in Kraft. Grund für die Verzögerung war die sogenannte Ratifizierungskrise. In mehreren Ländern fanden Referenden über den Vertrag statt. In Dänemark wurde er im Juni 1992 mit 50,7 gegen 49,3 Prozent abgelehnt. Dem Land wurde daraufhin ein »Opt-out« von der Sozial-, Außen- und Währungspolitik der EU gewährt, was bedeutet, dass es die in Maastricht in diesen Bereichen vereinbarten Regelungen nicht anwenden muss. Im Mai 1993 stimmten in einer zweiten Volksabstimmung 56,8 Prozent der Dänen dem so geänderten Vertrag zu. Ein Referendum gab es auch in Irland. Dort stimmte im Juni 1992 eine große Mehrheit mit Ja.

In Frankreich kam es zu einer erbitterten Debatte über die vom Maastrichter Vertrag verlangte Aufgabe nationaler Souve-

104 Baum-Ceisig / Busch / Nospickel, 2007, S. 102

ränitätsrechte und über die von einer gemeinsamen Währung zu erwartenden sozialen Belastungen. Sowohl die Kommunistische Partei als auch gaullistische Kräfte mobilisierten für ein Non. Abgelehnt wurde der Vertrag demnach nicht nur von der Linken, auch ein Teil des Bürgertums war gegen ihn. Das Ergebnis der Abstimmung im September 1992 fiel denkbar knapp aus. 51,05 stimmten mit Ja, 48,95 Prozent mit Nein. Diese Abstimmung hat Frankreich verändert. Eine Skepsis gegenüber der europäischen Integration ist seitdem dort lebendig. Jahre später, bei der Abstimmung über den Vertrag über eine Verfassung für Europa im Mai 2005, zeigte sich dieses Misstrauen erneut. Dieser Vertrag wurde klar abgelehnt. Es hieß, dass dieses Nein von »weit her« kam.[105]

In Deutschland, wo bundesweite Referenden nicht vorgesehen sind, wurde nach der Annahme des Maastricht-Vertrags im Bundestag das Bundesverfassungsgericht angerufen. Trotz mancher Kritik wurde der Vertrag am Ende von Karlsruhe gebilligt. Die Entscheidung des Gerichts ist dennoch bis heute von Bedeutung, denn in den Leitsätzen des Urteils wurde festgelegt, dass »der Ausdehnung der Aufgaben und Befugnisse der Europäischen Gemeinschaften vom demokratischen Prinzip Grenzen gesetzt (sind). Dem Deutschen Bundestag müssen Aufgaben und Befugnisse von substantiellem Gewicht verbleiben.«[106] Auf diese Aussage sollte das Gericht in späteren europarechtlichen Entscheidungen zurückkommen.

In Stufen zur gemeinsamen Währung

Nach dem in Maastricht vereinbarten Fahrplan für die Wirtschafts- und Währungsunion war vorgesehen, diese bis 1999 in drei Stufen zu verwirklichen. Es hätte daher ausreichend Zeit

---

105 Vgl. Wehr, 2006, S. 117-130

106 BVerfG, EuZW 1993, S. 667, BVerfGE 89, S. 155

und Möglichkeiten gegeben, das Für und Wider einer gemeinsamen Währung zu prüfen und das gewagte Unternehmen zu verschieben oder abzusagen. Warner gab es genug – von rechts wie von links. Doch die Probleme wurden ignoriert. So wurde nicht untersucht, ob die WWU überhaupt ein optimaler Währungsraum sein könne.

Da in einer Währungsunion nationale Währungen nicht mehr existieren, kann auch das Instrument ihrer Auf- und Abwertungen nicht mehr genutzt werden, um so Veränderungen in der Konkurrenzfähigkeit der Volkswirtschaften abzufedern. Im Konkurrenzkampf unterlegene Euroländer sind daher gezwungen, eine »innere Abwertung« vorzunehmen, was vor allem Druck auf die Löhne heißt: »Im Falle von Wettbewerbsungleichgewichten zwischen den beteiligten Staaten werden nach dem Fortfall des Wechselkursinstruments die Lohnkosten zur ausschließlichen Anpassungsvariablen; die zweite mögliche Anpassungsvariable in Gestalt eines Finanzausgleichsmechanismus steht nicht zur Verfügung.«[107]

Und so konnte ziemlich genau vorausgesagt werden, was passieren würde, sollte am vorgesehenen Zeitplan festgehalten werden: »Die vorzeitige Verwirklichung einer einheitlichen europäischen Geld- und Währungspolitik würde die realwirtschaftlichen und machtpolitischen Divergenzen in der EU lediglich verdecken. Um sie stattdessen auszugleichen, wären nicht allein die Weichwährungsländer zur Stabilitätspolitik zu verpflichten; die Hartwährungsländer, insbesondere die Bundesrepublik, müssten zu diesem Zweck einen Ausgleich ihrer Handels- und Leistungsbilanzen anstreben. Den enormen Überschüssen des deutschen Exportweltmeisters versuchen die schwächeren Länder durch Abwertungskonkurrenz, größere Staatsverschuldung u.ä. gegenzusteuern, um die Arbeitslosig-

107 Busch, 1996, S. 61

keit im eigenen Land aufzuhalten. Dabei vertieft sich die Divergenz, statt Konvergenz zu fördern.«[108] Die Warner fanden aber kein Gehör. Im Europäischen Rat in Dublin am 13./14. Dezember 1996 war man sich vielmehr einig darüber, die WWU am 1. Januar 1999 beginnen zu lassen.

Als Bedingung für den Erfolg der Währungsunion wurde immer wieder die Schaffung einer politischen Union genannt, ohne dass jemals genau definiert wurde, was darunter zu verstehen sei. Fortschritte auf dem Weg zu dieser politischen Union sollte die Regierungskonferenz zur Revision des Vertrags von Maastricht bringen, die Ende März 1996 eröffnet und im Juni 1997 mit der Vorlage des Entwurfs für eine weitere Vertragsrevision, für den Vertrag von Amsterdam, beendet wurde. Die darin angestrebte Reform der europäischen Institutionen und Entscheidungsverfahren, und hier vor allem des Abstimmungsmodus im Rat, konnte allerdings nicht erreicht werden. So war denn die EU auf dem Weg zur politischen Union keinen Schritt vorangekommen. Im Mittelpunkt der Amsterdamer Tagung standen stattdessen die Einfügung eines Beschäftigungskapitels und die Beschlussfassung über den Stabilitäts- und Wachstumspakt.

Das Beschäftigungskapitel

Im neuen Beschäftigungskapitel verpflichteten sich die Mitgliedstaaten, eine »koordinierte Beschäftigungsstrategie« zu entwickeln. Mit ihr sollte »die Förderung der Qualifizierung, Ausbildung und Anpassungsfähigkeit der Arbeitnehmer« verbessert werden, damit die Arbeitsmärkte »auf die Erfordernisse des wirtschaftlichen Wandels« schneller reagieren können. Zur Erreichung der Ziele einigte man sich auf die Erstellung von Jahresberichten zur Beschäftigungslage sowie auf Leitlinien,

108 Zellentin, 1996, S. 42

»welche die Mitgliedstaaten in ihrer Beschäftigungspolitik berücksichtigen« sollen. Schließlich wurde ein »Beschäftigungsausschuss mit beratender Funktion zur Förderung der Koordinierung der Beschäftigungs- und Arbeitsmarktpolitik der Mitgliedstaaten« eingerichtet.[109]

Das neue Beschäftigungskapitel wurde von Kritikern zu Recht als »Politik der großen Worte ohne Mittel zur Umsetzung«[110] bzw. von lediglich »deklaratorischer Bedeutung«[111] bewertet. Für die SPD, die zuvor erklärt hatte, die »Vertragsänderungen, die einer Zweidrittelmehrheit im Bundestag und im Bundesrat bedürfen, hätten ›schlechte Chancen‹ gebilligt zu werden, wenn sie auf beschäftigungspolitische Maßnahmen verzichteten«[112], reichte hingegen das Ergebnis. Sie stimmte dem Vertrag zu, so wie sie es mit allen europäischen Verträgen vorher und nachher getan hat. Die ab Herbst 1998 im Amt befindliche rot-grüne Bundesregierung unter Kanzler Gerhard Schröder zeigte dann aber kein Interesse mehr an der aktiven Ausgestaltung einer europäischen Beschäftigungspolitik: »Missmutig hat man in Paris registriert, dass seit dem Rücktritt Lafontaines keine deutschen Vorschläge zum Europäischen Beschäftigungspakt vorgelegt wurden. Der französischen Forderung etwa nach Wachstumszielen innerhalb der EU wurde von Bonn mit Skepsis und Ablehnung begegnet. Jospins Europaberaterin sagte, die deutsche Haltung sei enttäuschend. Bonn habe die Initiative gegeben, verfolge nun aber offenbar andere Ziele.«[113]

---

109 Nach Artikel 150 des AEUV setzt der Rat einen Beschäftigungsausschuss mit beratender Funktion zur Förderung der Koordinierung der Beschäftigungs- und Arbeitsmarktpolitik der Mitgliedstaaten ein.

110 Huffschmid, 1997, S. 1085

111 Priewe, 1997, S. 6

112 Frankfurter Allgemeine Zeitung vom 2.3.1996

113 Frankfurter Allgemeine Zeitung vom 28.5.1999

Der Stabilitäts- und Wachstumspakt

In Amsterdam wurde auch der »Stabilitätspakt für die Wahrung der Haushaltsdisziplin in der dritten Stufe der WWU« in Form zweier Verordnungen verabschiedet. Dies war eine Entscheidung von Bedeutung: »Im Unterschied zur Zahnlosigkeit des Beschäftigungskapitels hat die Entschließung des Europäischen Rates über den Stabilitäts- und Wachstumspakt scharfe Zähne und einen harten Biss«.[114] Ziel des Paktes war es, die im Vertrag von Maastricht nur sehr vage formulierten Kriterien für die Einhaltung der Haushaltsdisziplin verbindlich festzulegen und vor allem mit Sanktionsmöglichkeiten auszustatten. Die Mitgliedstaaten verpflichteten sich damit, ausgeglichene oder gar Überschüsse ausweisende Haushalte anzustreben. Verbindlich festgelegt wurden konkrete Strafmaßnahmen im Fall der Überschreitung des in Maastricht festgelegten Kriteriums der 3-Prozent-Marke jährlicher Neuverschuldung. Bei einem Verstoß dagegen sollte das Defizitland eine unverzinsliche Zwangseinlage von 0,2 Prozent des Bruttoinlandsprodukts hinterlegen. Diese Einlage sollte sich in eine Geldbuße verwandeln, wenn nicht innerhalb von zwei Jahren das Defizit beseitigt wird. Die deutsche Bundesregierung konnte sich allerdings nicht mit ihrer Forderung durchsetzen, dass diese Strafmaßnahmen automatisch – ohne einen politischen Beschluss im Rat – gelten sollten. Unter Führung von Frankreich bestand die Mehrheit der Mitgliedsländer darauf, dass der Rat in jedem Einzelfall mit qualifizierter Mehrheit darüber entscheiden müsse.

Seit der Einführung des Euro wurden von der Kommission zahlreiche Sanktionsverfahren eingeleitet. In keinem einzigen Fall kam es jedoch zur Festsetzung einer Zwangseinlage oder gar zur Verhängung einer Geldbuße. Schließlich sind Strafen gegenüber einem Land mit einem bereits übermäßigen Defizit

114 Huffschmid, 1997, S. 1086

auch wenig sinnvoll, bedeuten sie doch, dass man einem eh schon an Blutarmut Leidenden weiteres Blut abzapft. Der Stabilitätspakt wurde denn auch zu Recht vom früheren Kommissionspräsidenten Romano Prodi als »dummer Pakt« bezeichnet. Aus seinem Scheitern hat man dennoch nicht gelernt. Der Stabilitätspakt wurde im Herbst 2011 verschärft, und der 2012 zusätzlich geschaffene Fiskalpakt gibt den Euroländern sogar das Recht, ein anderes Land vor dem Europäischen Gerichtshof verklagen zu können, sollte es wagen, die Defizitgrenzen zu überschreiten.

Die Entwicklung der Euro-Zone

Der Europäische Rat beschloss am 2./3. Mai 1998, die Einheitswährung in elf Ländern einzuführen. Am Start dabei waren Belgien, Deutschland, Finnland, Frankreich, Irland, Italien, Luxemburg, die Niederlande, Österreich, Portugal und Spanien. Großbritannien hatte von Beginn an klargestellt, dass es am Pfund festhalten werde. In Dänemark scheiterte im September 2000 der Beitritt des Landes in einem Referendum. Per Volksentscheid abgelehnt wurde die Einführung des Euro 2003 auch in Schweden. Großbritannien und Dänemark haben ein vertraglich vereinbartes Recht zum Opt-out, d.h. sie müssen den Euro nicht einführen. Alle anderen EU-Mitgliedstaaten sind dazu laut Vertrag verpflichtet.

Die Erweiterung der Euro-Zone ist alles andere als eine Erfolgsgeschichte. 2001 kam Griechenland hinzu, ein Beitritt, den man heute nur allzu gern wieder rückgängig machen würde. Es dauerte anschließend Jahre, bevor 2007 mit Slowenien ein weiteres Land den Euro übernahm. 2008 folgten Malta und Zypern, 2009 die Slowakei, 2011 Estland, 2014 Lettland und schließlich Litauen mit Beginn des Jahres 2015. Sieht man einmal von Griechenland ab, so sind letztlich nur kleine Staaten hinzugekommen, deren Volkswirtschaften kaum von Gewicht sind. Der Euro-Zone gehören heute 19 der 28 Mitgliedsländer der Union an. Wichtige Volkswirtschaften wie die Dänemarks, Großbritanniens, Polens, Schwedens, Ungarns und Tschechiens blieben außerhalb und werden es wohl auch auf nicht absehbare Zeit bleiben.

Die Osterweiterung der EU

Neben der Schaffung des einheitlichen Binnenmarktes und der Etablierung der Wirtschafts- und Währungsunion stellt die Osterweiterung die dritte große Veränderung der EU in den vergangenen Jahrzehnten dar. Die drei Umbrüche gaben dieser ein völlig neues Gesicht. Gehörten 1990 erst zwölf Staaten zur Europäischen Gemeinschaft, so hat die Europäische Union heute nicht weniger als 28 Mitglieder. Die Ausweitung vollzog sich in zwei Wellen: 1995 traten mit Schweden, Finnland und Österreich Länder bei, deren Volkswirtschaften ein hohes Produktivitätsniveau aufwiesen und deren Wohlfahrtsstandards über dem Durchschnitt der Gemeinschaft lagen. Der EU entstanden dadurch keine finanziellen Belastungen, im Gegenteil: Es kamen Nettozahler hinzu.

Ganz anders verhielt es sich bei den Osterweiterungen 2004[115], 2007 und 2013[116]. Es traten Länder bei, deren volkswirtschaftliche Produktivitätsraten deutlich unter dem Unionsdurchschnitt von 100 lagen: in Litauen waren es lediglich 29 Prozent, in Estland 37 Prozent und in Polen 39 Prozent.

115 Am 1.1.2004 wurden Estland, Lettland, Litauen, Polen, die Tschechische Republik, die Slowakei, Slowenien und Ungarn Mitglieder der EU. Obwohl auch die beiden Mittelmeerländer Zypern und Malta dabei waren, spricht man von der Osterweiterung der EU.

116 Am 1.1.2007 wurden Bulgarien und Rumänien Mitglieder, am 1.7.2013 trat Kroatien bei.

Ungarn erreichte mit 50 Prozent genau die Hälfte des Niveaus, lediglich die Tschechische Republik und Slowenien lagen mit 59 bzw. 69 Prozent zumindest über der Hälfte des Durchschnitts der EU.[117]

Die großen Abstände gegenüber der alten, aus 15 Mitgliedstaaten bestehenden EU (EU-15), hatten die anfänglich vorhandene Begeisterung für eine schnelle Aufnahme dieser Länder gedämpft. Es stand jedoch nie in Frage, dass es eines Tages zu deren Beitritt kommen werde, war doch von Beginn an ein zentrales Motiv des europäischen Zusammenschlusses, mit der westeuropäischen Integration eine hohe Anziehungskraft auf die sozialistischen Länder auszuüben, um so zur Unterminierung ihrer Gesellschaftsordnungen beizutragen. Bereits im EGKS- und im EWG-Vertrag war das Versprechen enthalten, dass »jeder europäische Staat« beantragen könne, Mitglied zu werden. Und so waren es die neuen Eliten der sogenannten Reformstaaten, die die westeuropäischen Politiker nach der Wende von 1989/91 daran erinnerten. Diese Länder wurden denn auch umgehend mit der EU assoziiert, und auf dem Kopenhagener Gipfel 1993 wurde ihnen die Vollmitgliedschaft definitiv zugesichert. Voraussetzung war allerdings die Erfüllung von Bedingungen: 1. Stabilität der Institutionen, Demokratie, Rechtsstaatlichkeit, Menschenrechte sowie Achtung und Schutz von Minderheiten. 2. eine funktionierende Marktwirtschaft. 3. Übernahme der gemeinschaftlichen Regeln, Standards, Politiken, die die Gesamtheit des EU-Rechts darstellen.[118] Zugleich formulierte die EU für sich selbst Voraussetzungen ihrer Erweiterungsfähigkeit. Verlangt wurde die Entwicklung der »Fähigkeit zur Absorbierung der neuen Mit-

---

117 Zahlen nach Angaben von Eurostat, in: Eurostat 2004

118 Vgl. Europäischer Rat Kopenhagen vom 21.-22. Juni 1993, Schlussfolgerungen des Vorsitzes, in: Europe, Press Releases Rapid, DOC 93/3, 22.6.1993

glieder« bei Bewahrung des »Momentums der europäischen Integration«.

Doch sowohl die Kopenhagener Kriterien als auch die Anforderungen, die die EU an sich selbst stellte, waren interpretationsfähig. Tatsächlich sollte es auf dieser auslegbaren Grundlage noch mehr als elf Jahre dauern, bis schließlich zehn mittelosteuropäische Staaten Anfang 2004 beitreten konnten. Bulgarien und Rumänien mussten sogar noch drei Jahre länger warten. Die Gründe für diese Verzögerung waren offensichtlich, diente sie doch dazu, noch vor deren Aufnahme die kapitalistische Transformation in diesen Ländern abzuschließen: »Mehr als zehn Jahre hat sich Brüssel mit der Hereinnahme osteuropäischer Länder in das Regelwerk der Europäischen Union Zeit gelassen. Dieses Jahrzehnt wurde gebraucht, um bereits vor der Aufnahme der Kandidaten einen Eigentümerwechsel in der Wirtschaftsstruktur der betroffenen Länder durchzusetzen.«[119]

Eine schnellere Aufnahme der Beitrittsländer wäre für die EU zudem sehr teuer geworden. Der große Rückstand der Landwirtschaft Osteuropas hätte eine enorme Umverteilung der europäischen Fonds für die Gemeinsame Agrarpolitik und für die Regional- und Strukturpolitik zugunsten des Ostens bedeutet. Betrug etwa der Anteil der in der Landwirtschaft Beschäftigten in der EU-15 in den neunziger Jahren nur noch vier Prozent, so lag er in den Beitrittsländern bei durchschnittlich 9,5 Prozent, wobei Polen mit 19,6 Prozent, Litauen mit 18,6 und Lettland mit 15,3 Prozent sogar noch weit darüber lagen. Angesichts dieser Fakten hätte die sofortige Einbeziehung dieser Länder in die bestehende EU-Agrarmarktordnung deren Finanzrahmen umgehend gesprengt. Aus diesem Grund wurde in der 1997 von der Europäischen Kommission verabschiedeten »Agenda 2000« die Reform der Gemeinsamen Agrarpolitik

119 Hofbauer, 2003, S. 187

und der Strukturpolitik ausdrücklich als Bedingung für die Erweiterung genannt.[120] Schließlich wurde die Agrarpolitik dann so verändert, dass die Beitrittsländer mit deutlich geringeren Zahlungen abgespeist werden konnten.: »Während für die Landwirtschaft der Altmitglieder im Jahre 2004 €47.2 Mrd. veranschlagt werden, beläuft sich der für die Neumitglieder veranschlagte Betrag im Jahre 2004 auf €2.7 Mrd., im Jahre 2005 auf €3.2 Mrd. und im Jahre 2006 auf €3.8 Milliarden.«[121] Diese deutliche Zurücksetzung der Neuen wurde auch in den folgenden Jahren beibehalten.

EU- und NATO-Erweiterung gehen Hand in Hand

Noch bevor die Tschechische Republik, Polen und Ungarn der EU beitraten, wurden sie 1999 Mitglieder der NATO. Auch Estland, Lettland, Litauen, die Slowakei, Slowenien, Bulgarien und Rumänien wurden zuvor Mitglieder des Militärbündnisses. Es waren vor allem die USA, die auf eine schnelle Aufnahme der ehemals sozialistischen Länder sowohl in die NATO als auch in die EU drängten, galt es doch, die militärische Einbindung in das westliche Bündnis durch die wirtschaftliche Integration abzusichern. Dieses Vorgehen hatte Tradition. Die USA waren bereits in den 1980er Jahren sehr daran interessiert gewesen, dass die NATO-Mitglieder Spanien und Portugal nach dem Ende der Diktaturen dort schnell EG-Mitglieder wurden. Auch auf dem Balkan verfolgte man diese Strategie. Als im Mai 1980 der jugoslawische Staatspräsident Josip Broz Tito starb, wurde in den NATO-Stäben befürchtet, dass sich Jugoslawien nun wieder der Sowjetunion zuwenden und ihr womöglich die Einrichtung eines Marinestützpunktes an der Adria erlauben

120 Vgl. Europäischer Rat in Berlin vom 24./25. März 1999, Schlussfolgerungen des Vorsitzes, Europäischer Rat Dokument SN 00300/1/99

121 Beichelt, 2004, S. 176

könnte. Zur Stärkung der westlichen Position auf dem Balkan wurde deshalb 1981 die Aufnahme des NATO-Mitglieds Griechenland in die EG forciert, obwohl das Land die Bedingungen für eine Mitgliedschaft nicht erfüllte. Die militärischen und die wirtschaftlichen Integrationsstrategien des Westens müssen daher als eine Einheit gesehen werden.

Eine neue europäische Peripherie entsteht

Die großen Produktivitätsrückstände der Beitrittsländer gegenüber der alten EU-15 zwingen sie, von den ihnen verbliebenen Standortvorteilen Gebrauch zu machen. Ihre Nachteile versuchen sie mit geringen Löhnen, schwachen Sozial- und Umweltstandards und mit niedrigen Steuersätzen zu kompensieren. Die Voraussetzungen für eine solche Politik des Standortwettbewerbs waren günstig, hatte doch die Niederlage des Sozialismus die Stellung der Lohnabhängigen Osteuropas nachhaltig geschwächt. Die kommunistischen Staatsparteien hatten ihren zentralen Einfluss und einen Großteil ihrer Mitglieder verloren, die verbliebenen Reste mutierten, mit Ausnahme Tschechiens, zu neoliberalen sozialdemokratischen Parteien. Erheblich geschwächt waren auch die Gewerkschaften. Die den Ländern verordnete »Schocktherapie«, der unvermittelte Sprung in die kapitalistische Marktwirtschaft, verschärfte die Situation. Die schnell steigende Arbeitslosigkeit übte großen Druck auf die Löhne aus. Die oft betrieblich organisierten Einrichtungen der Kinderbetreuung, der Gesundheitsversorgung sowie für Erholung und Freizeit wurden zusammen mit den Betrieben liquidiert.

Der so auf Grundlage eines umfassenden Dumpings europaweit aufgenommene Wettbewerb der Beitrittsländer ging zu Lasten der schwachen Peripherieländer der alten EU, verfügten deren Volkswirtschaften doch über ein vergleichbares Produktivitätsniveau wie die neu Hinzukommenden. Dies traf vor allem auf Spanien, Portugal und Griechenland zu. So wechselten etwa griechische Industriebetriebe nach dem Beitritt Bulgariens über die nahe gelegene Grenze in das »Billiglohnland in der EU« mit einem monatlichen Durchschnittslohn von nur 370 Euro.[122] Die gegenwärtigen Probleme Griechenlands haben darin eine ihrer Ursachen. Mit Verlagerungen von Produktionsstätten an für das Kapital günstigere Standorte Osteuropas, mit sogenannten Delokalisierungen, wurden und werden auch die Lohnabhängigen der kerneuropäischen Länder konfrontiert. Die Arbeitskosten in Osteuropa sind weiterhin konkurrenzlos günstig. 2014 lagen die mittleren Bruttostundenverdienste in der EU am höchsten in Dänemark mit 25,52 Euro, gefolgt von Irland mit 20,16 Euro, Schweden mit 18,46 Euro, Luxemburg mit 18,38 Euro, Belgien mit 17,32 Euro und Finnland mit 17,24 Euro. Am niedrigsten waren sie in Bulgarien mit 1,67 Euro und Rumänien mit 2,03 Euro sowie in Litauen mit 3,11 Euro, Lettland mit 3,35 Euro und Ungarn mit 3,59 Euro. Der mittlere Bruttostundenverdienst des an der Spitze rangierenden EU-Mitgliedstaates war somit 15-mal so hoch wie der mittlere Bruttostundenverdienst des Mitgliedstaates mit dem niedrigsten Wert.[123]

Mit der Erweiterung der EU bieten sich den Großkonzernen neue Möglichkeiten der Kapitalverwertung. »Von 2004 bis 2006 flossen aus der EU-15 allein in die neuen Mitgliedsländer Direktinvestitionen in Höhe von 94 Mrd. Euro. Sie verteilten sich zu 42 Prozent auf Ungarn, zu 17 Prozent auf Polen, zu je 7 Prozent auf Rumänien, Bulgarien und Tschechien. Die größten Investoren aus den EU-Ländern waren die Unternehmen aus Deutschland, Spanien, Österreich und Luxemburg. Für die osteuropäischen EU-Mitglieder war dieser Kapitalzustrom ein

122 Frankfurter Allgemeine Zeitung vom 21.2.2012

123 Quelle: Eurostat, Löhne und Arbeitskosten, http://ec.europa.eu/eurostat/statistics-explained/index.php/Wages_and_labour_costs/de#Brutto1.C3.B6hne.2F-verdienste (letzter Aufruf: 17.2.2018)

besonderer Anreiz für ein schnelles, aber schuldenfinanziertes Wirtschaftswachstum«.[124]

Mit ihrer Eingliederung in die kapitalistische Arbeitsteilung verloren die wichtigsten Unternehmen der Beitrittsländer ihre Eigenständigkeit und wurden abhängige Glieder in Wertschöpfungsketten internationaler, zumeist in der EU ansässiger Monopole. »Im Fahrzeugbau zum Beispiel entfällt fast ein Viertel aller deutschen Auslandsinvestitionen auf die Visegrád-4-Länder, also Polen, die Slowakei, die Tschechische Republik und Ungarn. Allein in Ungarn haben deutsche Autobauer bisher mehr investiert als in China.«[125] Es ist bezeichnend, dass heute unter den 100 wichtigsten Unternehmen Europas kein einziges mit Sitz in den Beitrittsländern ist.[126] Fast vollständig gingen die östlichen Banken in westlichen Besitz über. Dies gilt vor allem für die Banken Polens, Tschechiens, der Slowakei und Bulgariens, wo der westliche Anteil zwischen 70 und 80 Prozent liegt. In Ungarn sind es 60 Prozent, nur Slowenien stellt mit 33 Prozent eine Ausnahme dar.

Inzwischen steht fest: »Die Osterweiterung ist (…) präziser als ›Expansion‹ der EU-Verhältnisse, des westeuropäischen Kapitals und der EU-Großmächte nach dem Osten zu charakterisieren. Sie erfolgt zum einseitigen Vorteil der EU.«[127] Das ernüchternde Resümee lautet: »Die Osterweiterung der Europäischen Union dient vornehmlich dazu, den stärksten Kräften im Westen – den sogenannten ›Global Players‹ – neuen Marktraum zu erschließen und diesen mit Hilfe des Regelwerks des ›Acquis communautaire‹, der Gesamtheit des EU-Rechts, abzusichern.«[128]

---

124 Binus, 2010, S. 8

125 Frankfurter Allgemeine Zeitung vom 11.6.2012

126 Vgl. Frankfurter Allgemeine Zeitung vom 6.7.2011

127 Latzo, 2004, S. 50

128 Hofbauer, 2003, S. 184

Personenfreizügigkeit als Ausgleich für Arbeitsplatzverlust

Die großen Produktivitäts- und Lohnunterschiede zwischen alter und neuer EU sind der wichtigste Grund für die neue Arbeitsmigration von Ost nach West. In Deutschland und Österreich wurde die vollständige Arbeitnehmerfreizügigkeit den Bürgern aus den 2004 hinzugekommenen Staaten erst zum 1. Mai 2011 eingeräumt, nachdem zuvor alle nach EU-Recht möglichen Übergangsfristen ausgeschöpft waren. Für Arbeitnehmer aus den 2007 eingetretenen Ländern Rumänien und Bulgarien gilt sie erst seit 2014. Anders gingen Großbritannien, Irland und Schweden vor. Sie hatten von Beginn an die unbeschränkte Arbeitsmigration aus den Beitrittsländern gestattet.

Die Migration hat negative Folgen für die Lohnabhängigen der alten EU. Es sind vor allem die Schwächsten unter ihnen, die schlecht Ausgebildeten und die hier schon lange lebenden Zuwanderer, etwa aus der Türkei, die diese neue Konkurrenz zu spüren bekommen. Mit Hilfe billiger und williger Arbeitskräfte aus dem Osten können vor allem Unternehmen der Bauindustrie und im Dienstleistungsbereich – etwa bei der Pflege – Löhne senken und schlechtere Arbeitsbedingungen durchsetzen. Für die Kapitalisten ergeben sich so neue Möglichkeiten der Spaltung der Arbeiterklasse und des Gegeneinanderausspielens der Lohnabhängigen. Dass dieser Effekt ausdrücklich beabsichtigt ist, wird selten zugegeben. Eine Ausnahme stellt der ehemalige österreichische Bundeskanzler Wolfgang Schüssel dar, der in einem Interview freimütig bekannte: »Unsere Strategie damals, die Erweiterung auch als Turbomotor in den alten Mitgliedsländern einzusetzen, ist voll aufgegangen.«[129]

129 Schüssel, 2006

Eine Gemeinsame Außen- und Sicherheitspolitik

Nach dem Scheitern der Europäischen Verteidigungsgemeinschaft im August 1954 dauerte es Jahre, bis neue Initiativen zu einer Integration der Außen- und Sicherheitspolitik ergriffen wurden. Zu einem ersten zaghaften Neuanfang kam es 1969 auf dem Gipfel von Den Haag. Dort wurde eine Kommission unter Vorsitz des belgischen Politikers Étienne Davignon eingesetzt, die Vorschläge unterbreiten sollte, wie die außenpolitische Koordinierung unter den Mitgliedstaaten verbessert werden könnte. Auf Grundlage des 1970 vorgelegten Berichts wurde die Europäische Politische Zusammenarbeit (EPZ) geschaffen. Ihr Ansatz war intergouvernemental ausgerichtet, die Europäische Kommission erhielt in ihr keine Kompetenzen.

Im Rahmen der EPZ kamen die Außenminister der Mitgliedstaaten viermal im Jahr zu Konsultationen zusammen. Mit der Einheitlichen Europäischen Akte (EEA) aus dem Jahr 1986 erhielt diese Zusammenarbeit eine vertragliche Basis. In Artikel 30 der EEA heißt es: »Die Hohen Vertragsparteien sind der Auffassung, dass eine engere Zusammenarbeit in Fragen der europäischen Sicherheit geeignet ist, wesentlich zur Entwicklung einer außenpolitischen Identität Europas beizutragen. Sie sind zu einer stärkeren Koordinierung ihrer Standpunkte zu den politischen und wirtschaftlichen Aspekten der Sicherheit bereit.«[130]

Die Festlegungen von Maastricht

Die Ereignisse von 1989/91 veränderten auch bei der Entwicklung einer europäischen Außen- und Sicherheitspolitik alles: »Der Zusammenbruch der realsozialistischen Systeme leitete

130 Artikel 30, Absatz 6a der Einheitlichen Europäischen Akte (EEA) vom 17./28.2.1986

die Militarisierung der EG/EU nicht ein – sie hatte schon früher begonnen –, aber sie wirkte als enormer Katalysator. Das Ende der Ost-West-Systemkonfrontation bescherte den Armen und Hungrigen dieser Welt keine Friedensdividende. Im Gegenteil – sie gerieten ins Fadenkreuz der westlichen ›Sieger‹. Und zwischen den ›Siegern‹ verschärften sich die Auseinandersetzungen, nachdem der gemeinsame Außenfeind das Zeitliche gesegnet hatte.«[131]

Die Festlegungen des Vertrags von Maastricht aus dem Jahr 1992 gingen weiter als die Bestimmungen der EEA. Es hieß nun: »Die Union und ihre Mitgliedstaaten erarbeiten und verwirklichen eine gemeinsame Außen- und Sicherheitspolitik.« Und: »Die gemeinsame Außen- und Sicherheitspolitik soll auf längere Sicht die Formulierung einer gemeinsamen Verteidigungspolitik (einschließen), die zu gegebener Zeit zu einer gemeinsamen Verteidigung führen könnte.«[132] Die Gemeinsame Außen- und Sicherheitspolitik (GASP) wurde im Vertrag von Maastricht zu einem Pfeiler der Europäischen Union aufgewertet und erhielt eigene Strukturen und Entscheidungsverfahren. Doch während der Vertrag von Maastricht in seinen Bestimmungen zur Wirtschafts- und Währungsunion verbindliche Festlegungen mit zeitlichen Vorgaben enthielt, bestanden die Aussagen über die Außen- und Sicherheitspolitik lediglich in allgemeinen Absichtserklärungen. Grundsätzlich galt, dass die GASP die nationalstaatlichen Außen- und Sicherheitspolitiken nicht ersetzen, sondern sie durch gemeinsame Aktionen in ihrer Wirkung verstärken sollten.

Doch kaum waren die Unterschriften unter den Vertrag gesetzt, wurde bereits gegen die eingegangene Verpflichtung, »eine

---

131 Oberansmayr, 2004, S. 28

132 Artikel J.4 des Vertrags über die Europäische Union (EUV) in der Fassung des Vertrags von Maastricht vom 7.2.1992

gemeinsame Außen- und Sicherheitspolitik zu verwirklichen«, verstoßen. Es war Deutschland, das in der Frage der Anerkennung der Teilrepubliken des ehemaligen Jugoslawiens einen eigenen, separaten Weg ging, indem es – im Widerspruch zu dem von den EU-Außenministern am 16./17. Dezember 1991 vereinbarten Vorgehen – wenige Tage später die Anerkennung von Slowenien und Kroatien aussprach.[133] Ein Jahr zuvor waren es in der Kuwait-Krise 1990/91 Großbritannien und Frankreich gewesen, die eigenmächtig handelten: »Das Verhalten der EG in der Kuwait-Irak-Krise war enthüllend. Bemühungen, einen gemeinschaftlichen Standpunkt zu erarbeiten, wurden durch den Sprung Großbritanniens an die Seite der USA und die Eile der Franzosen, nicht abseits zu stehen, aus Angst in den Verhandlungen nach Beendigung des militärischen Konflikts an Einfluss zu verlieren, konterkariert.«[134] Mit diesen beiden Ereignissen war unübersehbar geworden, dass sich die Mitgliedstaaten zwar untereinander auf eine Abschaffung der Zölle und auf die Beseitigung nichttarifärer Handelshemmnisse einigen können, nicht aber über ein gemeinsames Vorgehen in internationalen Krisen oder gar auf ein abgestimmtes militärisches Vorgehen. Sind, wie in der Außen- und Sicherheitspolitik, Kernelemente nationalstaatlicher Souveränität berührt, ist regelmäßig der Integrationsprozess blockiert.

Ein Hoher Vertreter der EU für die Außen- und Sicherheitspolitik

Im Entwurf für einen Vertrag über eine Verfassung für Europa von 2004 war die Einrichtung des Amtes eines europäischen Außenministers vorgesehen gewesen. Diese Titelbezeichnung musste zwar nach der Ablehnung des Verfassungsvertrags 2005

---

133 Vgl. Frankfurter Allgemeine Zeitung vom 4.1.2012

134 Lambert, 1992, S. 120

fallengelassen werden, die Funktion wurde aber dennoch, nun unter der Bezeichnung »Hoher Vertreter der EU für Außen- und Sicherheitspolitik«, mit dem Lissabonner Vertrag geschaffen. Sie entstand durch die Zusammenlegung des bisher beim Rat angesiedelten Amtes des Hohen Vertreters für die *Gemeinsame Außen- und Sicherheitspolitik* und des für Außenbeziehungen zuständigen Kommissionsmitglieds. Man bezeichnet es als die »Doppelhutlösung«. Würde man eine solche Funktion auf der Ebene der Bundesrepublik schaffen, so wäre dies »vergleichbar mit der Zusammenlegung von Auswärtigem Amt, Verteidigungsministerium, dem Ministerium für wirtschaftliche Zusammenarbeit und Entwicklungshilfe sowie Teilen des Finanz- und Wirtschaftsministeriums, um die Interessen der Bundesrepublik Deutschland nach außen besser zu vertreten«.[135]

Dem Hohen Vertreter ist der mit dem Lissabonner Vertrag von 2007 ebenfalls neu geschaffene Europäische Auswärtige Dienst (EAD) zugeordnet. Der EAD stellte eine Aufwertung der bisherigen Delegationen der Europäischen Kommission dar, das Personal dafür wurde erheblich aufgestockt. Es umfasst jetzt zusätzlich Beamte aus dem EU-Ratssekretariat und Diplomaten der Mitgliedstaaten. Im EAD werden sämtliche auswärtigen militärischen und zivilen EU-Strukturen zusammengefasst, »vor diesem Hintergrund könnte man den EAD auch als einen ›Militärisch-Auswärtigen Dienst‹ bezeichnen«.[136]

Ist die demokratische Kontrolle von Entscheidungsprozessen in der EU generell kaum gegeben, so gilt dies erst recht in der europäischen Außen- und Sicherheitspolitik. Über sie führen nicht weniger als 28 Regierungen gleichzeitig Aufsicht, was zur Folge hat, dass diese Politik faktisch überhaupt keiner effektiven demokratischen Kontrolle unterworfen ist. So legt

135 Hantke, 2006, S. 95

136 Hantke/Wagner, 2010, S. 35

der Ministerrat allein das Verfahren fest, um einen schnellen Zugriff auf die Haushaltsmittel in der Außen- und Verteidigungspolitik zu ermöglichen. Die Rolle des Europäischen Parlaments in der Außen- und Sicherheitspolitik ist eine überaus bescheidene. Sie beschränkt sich auf seine Unterrichtung bzw. auf die der Anhörung.

Die Gemeinsame Sicherheits- und Verteidigungspolitik

Der 1997 geschlossene Vertrag von Amsterdam enthält über Maastricht hinausgehende Festlegungen zur Militarisierung der Union. Vereinbart wurde insbesondere, dass zur GASP auch eine »schrittweise Festlegung einer gemeinsamen Verteidigungspolitik der Union« gehört.[137] Es waren Frankreich und Großbritannien, die Ende der neunziger Jahre im französischen St. Malo die Initiative zur Konkretisierung dieser Vertragsbestimmung ergriffen. Auf ihren Vorstoß hin wurde im Juni 1999 auf der Ratstagung in Köln vereinbart, die Fähigkeiten und die Mittel zu einem autonomen militärischen Handeln der Union zu schaffen.[138] Dafür wurden ein sicherheitspolitisches Komitee, ein Militärausschuss und ein Militärstab eingerichtet. Ausdrücklich festgelegt wurde, dass diese neu geschaffenen Strukturen das Handeln der NATO nicht beeinträchtigen sollten. Im Gegenzug wurde die NATO aufgefordert, der Union zu gestatten, auf deren Mittel und Fähigkeiten zurückgreifen zu können. Ein Abkommen darüber wurde im Dezember 2002 geschlossen.

---

137 Artikel 42, Absatz 2 des Vertrags über die Europäische Union in der Fassung des Vertrags von Lissabon vom 13.12.2007

138 Europäischer Rat in Köln, 3./4. Juni 1999, Schlussfolgerungen des Vorsitzes

Bereits ein halbes Jahr nach dem Kölner Treffen wurden diese politischen Vorgaben auf der Ratstagung von Helsinki im Dezember 1999 in konkrete Ziele umgesetzt. Die Mitgliedsländer vereinbarten dort die Schaffung »glaubwürdiger, verfügbarer und schlagkräftiger europäischer Streitkräfte ab 2003«.[139] Sie verpflichteten sich, dafür Kräfte bis zu einer Stärke von 15 Brigaden (ca. 50.000 bis 60.000 Mann) rasch verlegen und zumindest ein Jahr lang einsatzfähig halten zu können. Damit sollten gemeinsame militärische Kapazitäten aufgebaut werden, mit denen die sogenannten Petersberg-Aufgaben erfüllt werden können. Diese Petersberg-Aufgaben wurden erstmals im Vertrag von Amsterdam erwähnt und schließen »humanitäre Aufgaben und Rettungseinsätze, friedenserhaltende Aufgaben sowie Kampfeinsätze bei der Krisenbewältigung einschließlich friedensschaffender Maßnahmen« ein.[140] Doch der vereinbarte Aufbau von Einsatzkräften kam nur schleppend voran. Das Ziel, die umfassende Einsatzfähigkeit bis 2003 zu erreichen, wurde verfehlt. Man sah sich deshalb gezwungen, unter der Bezeichnung »Headline Goal 2010« ein Programm zur Verbesserung der militärischen Fähigkeiten aufzustellen.

Zivile und militärische Missionen der EU

Die bisherigen Ergebnisse der Gemeinsamen Sicherheits- und Verteidigungspolitik (GSVP) sind bescheiden. Die militärischen Operationen der EU beschränken sich im Wesentlichen auf Einsätze im früheren Jugoslawien und in Afrika.

---

139 Europäischer Rat in Helsinki, 10./11. Dezember 1999, Schlussfolgerungen des Vorsitzes

140 Diese Aufgaben wurden auf der Tagung des Ministerrats der Westeuropäischen Union 1992 auf dem Petersberg in der Nähe Bonns definiert. Vgl. Petersberger Erklärung des Ministerrats der Westeuropäischen Union (WEU) über seine Tagung am 19. Juni 1992 in Bonn, in: Europa-Archiv, Folge 14/1992

Zwar ist die Zahl der seit 2003 unternommenen Militär-, Polizei- und sonstigen EU-Missionen erheblich. Zu Beginn des Jahres 2018 zählte man nicht weniger als 17 Missionen zivilen bzw. militärischen Charakters der EU[141], doch handelte es sich nicht um massive Einsätze militärischer Macht, vergleichbar mit den unter Kommando der USA stehenden Kriegen gegen Afghanistan und den Irak oder dem unter wesentlicher Beteiligung von europäischen NATO-Ländern geführten Luftkrieg gegen Libyen. Bei den EU-Eingreiftruppen handelt es sich weniger um klassische Kampfverbände als vielmehr um Hilfstruppen, die gemäß der bereits im ehemaligen Jugoslawien und in Afghanistan praktizierten Arbeitsteilung für das sogenannte »Nation building« in den immer zahlreicher werdenden Protektoraten des Westens zuständig sind. Sie werden daher kaum das Herzstück einer zukünftigen europäischen Armee sein können, wie es viele erhoffen und manche befürchten.

Die Ständige Strukturierte Zusammenarbeit

Für die Gemeinsame Sicherheits- und Verteidigungspolitik (GSVP) gelten besondere Regelungen, auch verfügt sie über eigene Institutionen. Ist bereits die Gemeinsame Außen- und Sicherheitspolitik (GASP) nach dem intergouvernementalen Ansatz ausgerichtet, was bedeutet, dass Entscheidungen grundsätzlich nur einstimmig getroffen werden können, so gilt dies ausnahmslos für die GSVP.

Aufgrund der sich daraus ergebenden Schwerfälligkeit bei der Entscheidungsfindung wurde bei der Beratung des Verfassungsvertrags gefordert, eine engere, separate Zusammenarbeit einzelner Mitgliedstaaten in der Außenpolitik und auch in der Verteidigungspolitik zuzulassen. Dies war ein besonderes An-

141 European Union, External Action, https://eeas.europa.eu/headquarters/headquarters-homepage/area/security-and-defence_en

liegen der Außenminister Deutschlands und Frankreichs, Joseph Fischer und Dominique de Villepin. Gemeinsam erklärten sie: »Es wird aber Situationen geben, in denen nicht alle Mitgliedstaaten bereit oder in der Lage sind, sich an der Zusammenarbeit zu beteiligen. Für diesen Fall muss denjenigen, die dies wünschen, die Option einer Zusammenarbeit mit einigen anderen im Rahmen des Vertrages offen stehen. Daher muss das Instrument der verstärkten Zusammenarbeit auch für die GSVP nutzbar gemacht werden.«[142] Ziel dieses Vorstoßes war, im Einzelfall sowohl unabhängig von neutralen EU-Mitgliedsländern als auch gegenüber jenen Staaten handeln zu können, die sich aufgrund ihrer Loyalität gegenüber den USA europäischem Vorgehen verweigern, letzteres traf vor allem auf Großbritannien zu. Das Instrument der verstärkten Zusammenarbeit fand Eingang in den Verfassungsentwurf und ist als Ständige Strukturierte Zusammenarbeit in den Lissabonner Vertrag aufgenommen worden.

Die Schwächen der Gemeinsamen Außen- und Sicherheitspolitik

Trotz der seit Ende der neunziger Jahre intensivierten Bemühungen, eine gemeinsame EU-Außenpolitik und eine darin eingeschlossene Gemeinsame Sicherheits- und Verteidigungspolitik auf den Weg zu bringen, ist die Union immer noch weit davon entfernt, militärische Weltmacht zu sein. Keine Rede ist mehr davon, dass die beiden europäischen Atommächte Großbritannien und Frankreich bereit sein könnten, ihre ständigen Mitgliedschaften im UN-Weltsicherheitsrat zugunsten eines gemeinsamen europäischen Sitzes aufzugeben. Eine Zeit lang wurden sie vor allem von Deutschland dazu gedrängt. Im Kon-

142 Vgl. Europäischer Konvent zur Zukunft Europas, Dokument CONV 422/02, CONTRIB 150, S. 4f; Zur Behandlung der Außen- und Sicherheitspolitik im Konvent vgl. Wehr, 2004, S. 82-99

kurrenzkampf innerhalb der EU stellt ein ständiger Sitz im UN-Weltsicherheitsrat ein ebenso wichtiges Prestige dar, wie es der Besitz von Atomwaffen ist.

Unterschiedliche Wege gehen die Mitgliedsländer auch weiterhin bei Entscheidungen über Krieg und Frieden, so war es im Frühjahr 2003 als die Staats- und Regierungschefs Großbritanniens, Spaniens, Portugals und Dänemarks den USA ihre Solidarität beim Angriff auf den Irak erklärten und damit zugleich die Solidarität mit den übrigen EU-Staaten aufkündigten. Sie hielten es seinerzeit nicht einmal für nötig, die amtierende griechische Ratspräsidentschaft über ihr Vorgehen auch nur in Kenntnis zu setzen.[143] Frankreich und Deutschland lehnten dagegen die US-amerikanische Aggression ab. Uneinig war man sich auch beim Luftkrieg gegen Libyen. Er wurde vor allem von europäischen Mächten, von Frankreich, Großbritannien und Italien geführt. Deutschland hatte sich hingegen bei der Abstimmung über die entscheidende Sicherheitsratsresolution, zusammen mit Russland und China, der Stimme enthalten. Differenzen unter den EU-Mitgliedern gibt es überdies in vielen weiteren außenpolitischen Fragen. So etwa bei der Entscheidung über die Aufnahme Palästinas als UNESCO-Vollmitglied im Jahr 2011. Deutschland stimmte zusammen mit den USA dagegen, Frankreich war dafür und Großbritannien enthielt sich der Stimme.[144] Streit gibt es auch über den Einsatz in Afghanistan. Zum Ärger der übrigen EU-Länder zogen die Niederlande ihre Kampftruppen von dort ab. Weitgehend einig war sich die EU aber in der Ukrainekrise. Nach der Aussetzung der Unterzeichnung des

---

143 Unter der Überschrift »Aufruf der Acht« wurde am 30. Januar 2003 in mehreren großen europäischen Zeitungen ein Appell europäischer Staats- und Regierungschefs veröffentlicht, den Vereinigten Staaten in ihrem Vorgehen gegenüber dem Irak beizustehen.

144 Vgl. Erler, 2011

Assoziierungsabkommens mit der EU unter dem ukrainischen Präsidenten Wiktor Janukowytsch im November 2013 betrieb die Union geschlossen dessen Sturz. Seine schließlich am 22. Februar 2014 erfolgte Absetzung war dann aber das Werk von ultranationalistischen und faschistischen Kräften, die ganz offensichtlich in enger Absprache mit US-amerikanischen Beratern handelten. Auch die von den USA initiierten Sanktionen gegen Russland als Bestrafung für dessen Vorgehen in der Ukrainekrise und hier insbesondere auf die Eingliederung der Halbinsel Krim in den russischen Staatsverband wurden von den EU-Mitgliedsländern übernommen.

IV. 2005–2017: Rückschläge und Krisen

Das Scheitern des Verfassungsvertrags

Als 1997 über den Amsterdamer Vertrag entschieden wurde, blieben wichtige Fragen der Reform der europäischen Institutionen ungelöst. Man konnte sich weder über die Größe der Europäischen Kommission und die Bereiche, in denen mit qualifizierten Mehrheiten entschieden wird, noch über das Abstimmungsverfahren im Rat einigen. Auch auf dem Gipfel von Nizza im Jahr 2000 konnte keine Einigung über diese drei – »Left-overs« genannten – Fragen erreicht werden. Bei der Reform des Abstimmungsverfahrens hatte seinerzeit der französische Staatspräsident Jacques Chirac dem deutschen Drängen, dabei die Bevölkerungsgröße der Mitgliedsländer zugrunde zu legen, eine klare Absage erteilt. Eine solche Umstellung war von allen Bundesregierungen seit dem Anschluss der DDR immer wieder gefordert worden, um das Gewicht der größeren Bundesrepublik in der EU voll zur Geltung bringen zu können.

Die Schwierigkeit, sich über diese Fragen verständigen zu können, verschaffte den in Deutschland vorgebrachten Forderungen nach einem anderen Aushandlungsverfahren von Vertragsänderungen Gehör. Bereits 1995 hatte eine »Europäische Strukturkommission« einen Bericht vorgelegt, der sich mit der Reform des Vertrags von Maastricht beschäftigte. Als Vorgehensweise wurde darin empfohlen: »Für die kommenden Reformen gilt es, auch aus den prozeduralen Fehlern der Maastricht-Runde zu lernen. Die nächsten Schritte müssen durch eine intensive öffentliche Diskussion bereits im Vorfeld der Regierungskonferenz, durch die Einbeziehung der nationalen Parlamente und des Europäischen Parlaments sowie der Länder und Regionen breit abgesichert werden.«[145] Diese »breite Absicherung« sollte mittels eines Konvents erreicht werden. Mit der Absicht, der Union eine Verfassung zu geben, sollte zugleich der wachsenden Kritik an Europa begegnet werden. Nach der Verabschiedung des Vertrags von Maastricht hatte sich in der Öffentlichkeit ein allgemeiner Vertrauensverlust gegenüber dem europäischen Einigungsprozess breit gemacht. Die EU wurde für härteren Wettbewerb, für weitreichende Deregulierungen und für umfassende Privatisierungen öffentlicher Dienstleistungen verantwortlich gemacht. Als Ausdruck dieser »Post-Maastricht-Krise« genannten Stimmungslage galten das dänische Nein vom Sommer 1992 zum Vertrag von Maastricht sowie das nur knappe Ja zu diesem Vertrag in Frankreich im Herbst desselben Jahres. Dazu gehörte auch die erneute Ablehnung des EU-Beitritts in Norwegen und das Nein der Schweizer Bürger zum Anschluss des Landes an den Europäischen Wirtschaftsraum im Dezember 1992. Auch die geringe Beteiligung an den Wahlen zum Europäischen Parlament im Juni 1994 war Ausdruck der schlechten Stimmung.

Die Verfassungsdiskussion sowie die vom deutschen Außenminister Joseph Fischer aufgeworfene hypothetische Frage über

---

145 Die »Europäische Strukturkommission: Europa 96 – Reformprogramm für die Europäische Union« war von der Bertelsmann-Stiftung und der Universität Mainz einberufen worden. Ihr gehörten u. a. Ernst Benda, Karl-Dietrich Bracher, Joachim Bitterlich und Fritz Scharpf an. Der Bericht wurde veröffentlicht in: Weidenfeld, 1995

die »Finalität Europas«[146] waren denn auch Projekte zur Festigung bzw. Wiederherstellung des erschütterten Vertrauens in die europäische Integration. Jürgen Habermas beschrieb deren Funktion so: »Andererseits sollten wir das symbolische Gewicht des Umstandes, dass inzwischen eine Verfassungsdebatte überhaupt in Gang gekommen ist, nicht unterschätzen. Als politisches Gemeinwesen kann sich Europa im Bewusstsein seiner Bürger nicht allein in Gestalt des Euro festsetzen. Der intergouvernementalen Vereinbarung von Maastricht fehlt jene Kraft zur symbolischen Verdichtung, die nur ein politischer Gründungsakt haben kann.«[147]

Die Arbeit des Konvents

Das deutsche Drängen nach einem Konvent war erfolgreich. Auf der Ratstagung im belgischen Laeken im Dezember 2001 wurde ein »Europäischer Konvent zur Zukunft Europas« mit dem Auftrag zur Ausarbeitung einer Europäischen Verfassung eingesetzt.[148] Die größte Gruppe in diesem Konvent stellten mit 30 Vertretern die nationalen Parlamente der EU-Staaten, das Europaparlament war mit 16 Mitgliedern vertreten, nur 15 Vertreter – einen für jedes der damals 15 EU-Mitgliedsländer – stellten die nationalen Regierungen. Hinzu kamen zwei Vertreter der Kommission sowie der Konventspräsident und seine beiden Vizepräsidenten. Eingeladen wurden auch 26 Mitglieder der nationalen Parlamente der Beitrittsländer und 13 Vertreter ihrer Regierungen, darunter auch Vertreter der Türkei. Die

146 Vgl. Rede des Bundesaußenministers Joseph Fischer am 12.5.2000 in der Humboldt-Universität zu Berlin »Vom Staatenbund zur Föderation – Gedanken über die Finalität der europäischen Integration«

147 Habermas, 2001

148 Vgl. Erklärung zur Zukunft der Europäischen Union des Europäischen Rats von Laeken vom 14./15.12.2001, Dok. SN 300/1 (DE), Anlage 1

Teilnehmer aus den Beitrittsländern hatten jedoch kein Stimmrecht. Der Konvent setzte sich somit aus insgesamt 105 Vollmitgliedern zusammen, die jeweils einen Stellvertreter hatten.

Gearbeitet wurde nach dem Konsensprinzip, doch es war Aufgabe des Präsidiums bzw. oft sogar nur des Präsidenten des Konvents, Valéry Giscard d'Estaing, zu definieren, was jeweils Konsens war. Folglich lag dort die Macht. Die transparente und offene Arbeitsweise des Konvents wurde anfangs begrüßt, stand sie doch in einem positiven Kontrast zu den unter Ausschluss der Öffentlichkeit tagenden Regierungskonferenzen und Gipfeln des Rats. Erst spät wurde bemerkt, dass es auch im Europäischen Konvent fest verschlossene Türen gab. Der luxemburgische Ministerpräsident Jean-Claude Juncker hatte dies in seinem Verdikt auf den Punkt gebracht, wonach der »Konvent die dunkelste Dunkelkammer war«, die er je zu Gesicht bekommen hatte.[149]

Deutsch-französische Kompromisse als Grundlage

Mit der Vorlage des »Deutsch-französischen Beitrags zum institutionellen Aufbau der Union«[150] stand die Richtung für den Umbau der EU fest. Erst danach, am 6. Februar 2003, legte das Präsidium seinen ersten Entwurf für die zukünftige institutionelle Architektur der Union vor. Er basierte auf den deutsch-französischen Vorschlägen.[151]

Paris und Berlin hatten sich auf einen Kompromiss verständigt: Er enthielt eine von Deutschland geforderte verkleinerte

149 Zur Arbeitsweise des Konvents vgl. Wehr, 2004, S. 24-26

150 Vgl. Dokument des Konvents CONV 489/03

151 Über die Bedeutung des deutsch-französischen Beitrags in der Arbeit des Konvents schrieb Peter Norman: »The joint Franco-German proposals on the institutions were to prove a key turning point in the life of the Convention. (…) The text set the tone of the institutional debate for the rest of the Convention.«, in: Norman, 2003, S. 174

und mit mehr Rechten ausgestattete Kommission. Sie sollte, neben dem Kommissionspräsidenten und dem Außenminister, nur noch 13 Mitglieder umfassen. Nach der Erweiterung der EU hätte daher nicht mehr jedes Land einen Kommissar stellen können. Dem Kommissionspräsidenten sollte zudem eine weitreichende Freiheit bei der Auswahl der Kommissare eingeräumt werden. Er sollte aus einem Vorschlag von drei Kandidaten eines jeden Landes auswählen können.[152] Das stand im Widerspruch zur Praxis, nach der traditionell die Mitgliedsländer das Recht zur Ernennung »ihres« Kommissars haben. Aufgrund des deutschen Drucks forderte der Konvent eine Stärkung des Europäischen Parlaments. Sein Recht zur Mitentscheidung sollte obligatorisch werden. Im Gegenzug wurde die französische Forderung nach einer ständigen Ratspräsidentschaft in den Kompromiss aufgenommen. Ein solcher Ratspräsident war bis dahin von deutscher Seite abgelehnt worden, da er als Konkurrent zum Kommissionspräsidenten gesehen wurde. Die Verständigung zwischen Deutschland und Frankreich folgte demnach den klassischen Interessenslinien der beiden Länder: auf der einen Seite das an der Stärkung der Gemeinschaftsmethode interessierte Deutschland, auf der anderen Seite das intergouvernemental ausgerichtete Frankreich.

Einen deutsch-französischen Konsens gab es auch in der für Berlin so wichtigen Frage der Berücksichtigung der Bevölkerungsgröße bei der Stimmengewichtung im Rat. Hier schwenkte Paris auf die deutsche Position ein, womit es akzeptierte, dass das bevölkerungsreiche Deutschland im Ministerrat deutlich mehr Gewicht als Frankreich bekam. Zwar stiegen zugleich auch die Anteile Frankreichs, Großbritanniens und Italiens, doch bei weitem nicht so stark wie der Deutschlands. Die gro-

---

152 Artikel 25, Absatz 3 des Entwurfs für einen Vertrag über eine Verfassung für Europa, Luxemburg 2003; zu den Vorschlägen des Konvents zu den Institutionen der EU vgl. auch Wehr, 2004, S. 39-81

ßen Verlierer waren die mittleren und kleinen Länder, deren Stimmengewichte sich stark verringerten.[153]

Diese Festlegungen des Konvents zielten auf eine andere Union. Die Mitgliedstaaten sollten Souveränitätsrechte einbüßen und die großen Länder auf Kosten der mittleren und kleinen begünstigt werden. Die Entscheidungsstrukturen der EU sollten gestrafft und zentralisiert, die Gemeinschaftsmethode deutlich gestärkt werden. Damit hatte sich die deutsche Position durchgesetzt, auch wenn – wie bei der Schaffung des Amtes eines Ratspräsidenten – Kompromisse gemacht werden mussten. Die deutschen Politiker wähnten sich daher mit dem Konventsentwurf am Ziel. Mit einer »Verfassung für Europa« seien die Grundlagen der seit dem Vertrag von Maastricht ausstehenden politischen Union gelegt worden.

Scheitern und Neubeginn

Doch der Konventsentwurf für einen »Vertrag über eine Verfassung für Europa« sollte der Scheitelpunkt einer seit 1985 anhaltenden Erfolgskurve der europäischen Integration sein. Auf dem Europäischen Gipfel am 12./13. Dezember 2003, der eigentlich nur das Konventsergebnis bestätigen sollte, kam es zum Konflikt. Spanien und Polen verlangten die Heraufsetzung der Mindestschwelle beim Kriterium der Bevölkerungsgröße für das Erreichen einer qualifizierten Mehrheit im Ministerrat. Aufgrund der größer werdenden Stimmanteile vor allem Deutschlands aber auch der übrigen bevölkerungsstarken Länder fürchteten sie die Etablierung eines EU-Direktoriums der Großen. So scheiterte der Europäische Gipfel an Spanien und Polen. Der Konventsentwurf musste geöffnet und in einzelnen Fragen neu verhandelt werden.

---

153 Zur Bedeutung des demografischen Faktors bei der Berechnung des Stimmenanteils im Rat vgl. Wehr, 2006, S. 66-74

Im Oktober 2004 wurde eine leicht veränderte Version des Verfassungsvertrags von den Regierungschefs unterzeichnet. Zuvor war die Forderung Spaniens und Polens nach der Heraufsetzung der Mindestschwelle akzeptiert worden. Nicht, wie noch im Konventsentwurf vorgesehen, 65 Prozent, sondern 60 Prozent der Bevölkerung der EU sollten für einen Beschluss des Ministerrats notwendig sein.[154] Den bevölkerungsstarken Ländern wurde es hierdurch schwerer gemacht, Beschlüsse unter sich auszumachen. Da es um eine Verfassung ging, wurde er von einzelnen Mitgliedsländern zum Gegenstand von Volksabstimmungen gemacht. In Spanien erhielt er, bei schwacher Beteiligung, eine Mehrheit. Bei den Referenden in Frankreich am 29. Mai 2005 und in den Niederlanden am 1. Juni 2005 fiel er hingegen durch.[155] Diese Zurückweisungen waren ein zweiter, nun aber sehr viel empfindlicherer Rückschlag. Mit den Ablehnungen hatte sich der große Unmut über die ganze Richtung der europäischen Integration Luft gemacht. In Frankreich war es vor allem die wirtschaftsliberale Ausrichtung der Verfassung, die kritisiert wurde. In den Niederlanden war es eher die geforderte Aufgabe von Souveränitätsrechten, die für das Nein ausschlaggebend war. Die Kommentatoren waren sich einig: Hätte es auch in anderen Ländern Abstimmungen gegeben, so wären auch dort Mehrheiten gegen den Verfassungsvertrag zu erwarten gewesen.

Nach diesem Rückschlag dauerte es mehr als zwei Jahre, bis im Dezember 2007 mit dem »Reformvertrag« ein neuer Anlauf zur Vertragsänderung unternommen wurde. Zunächst

---

154 Für einen Beschluss des Ministerrates sind nach dem Vertrag von Lissabon zwei Mehrheiten erforderlich: die Mehrheit der Mitgliedstaaten (55 %), die die Mehrheit der EU-Bevölkerung (65 %) repräsentieren.

155 Zu den Hintergründen dieser Ablehnungen in Frankreich und in den Niederlanden vgl. Wehr, 2006, S. 115-145

hatte man sich eine »Reflexionsphase« verordnet, in der alle möglichen Optionen des Fortgangs der europäischen Integration erörtert wurden. So wollte der französische Staatspräsident Sarkozy anfangs ganz ohne einen neuen Vertrag auskommen. Es war die Bundesregierung, die das Projekt hartnäckig weiterverfolgte. Unter ihrer Präsidentschaft wurde der Reformvertrag im ersten Halbjahr 2007 konzipiert, von dem selbst Vertreter der Bundesregierung zugeben mussten, dass er zu gut 90 Prozent identisch mit dem gescheiterten Verfassungsvertrag war. Der neue Vertrag wurde am 13. Dezember 2007 in Lissabon unterzeichnet und nach dieser Stadt benannt. Die ablehnenden Voten in Frankreich und in den Niederlanden waren damit missachtet worden. Man vertraute darauf, dass weder die niederländische Regierung noch der französische Staatspräsident Sarkozy erneut Volksabstimmungen zulassen würden.

Doch nicht alle Rechnungen gingen auf. Mit dem Lissabonner Vertrag mussten gegenüber dem Verfassungsvertrag Abstriche gemacht werden. Als nicht mehr durchsetzbar erwies sich etwa die Bezeichnung Verfassung oder Grundlagenvertrag. Aufgegeben werden musste die Verankerung quasi-staatlicher Symbole: Europäische Flagge, Hymne, Leitspruch und Europatag der Union werden darin nicht mehr genannt. Auch die nur staatlichem Handeln zukommenden Bezeichnungen wie Gesetz bzw. Rahmengesetz für Rechtssetzungsakte der EU wurden fallengelassen. War im Konventsentwurf von 2003 noch von einem »Außenminister« die Rede, so hieß er im Lissabonner Vertrag nur noch »Hoher Vertreter«. Bei der Entscheidungsfindung in der Außen- und Sicherheitspolitik blieb es beim Erfordernis der Einstimmigkeit. Verzichtet werden musste darauf, die Grundrechtecharta zum integralen Bestandteil des Vertrags zu machen, sie wurde ihm als Protokoll beigefügt. Auch bei der Herabsetzung der Zahl der Kommissare und hinsichtlich ihres Auswahlverfahrens mussten Zugeständnisse gegenüber den

Mitgliedstaaten gemacht werden. Von einer Reduzierung auf 13 Kommissare war keine Rede mehr. Zwar wurde festgelegt, dass deren Zahl nicht mehr als zwei Drittel der Mitgliedsländer umfassen soll, doch kann der Rat künftig einstimmig eine höhere Zahl festsetzen.

Unverändert blieb hingegen die von Deutschland so hartnäckig angestrebte neue Stimmrechtsverteilung im Rat. Damit hatte Berlin sein wichtigstes Ziel erreicht. In Kombination mit dem Übergang vom Erfordernis der Einstimmigkeit in den Bereich der Abstimmung mit qualifizierter Mehrheit für eine Reihe weiterer Inhalte wiegt diese Veränderung besonders schwer. Da die kleinen Mitgliedstaaten durch die Anwendung des demografischen Prinzips Stimmenanteile im Rat verloren, erlitten sie einen doppelten Verlust an Souveränität: Aufgrund des nunmehr allgemein geltenden Prinzips der Abstimmung mit qualifizierter Mehrheit verfügen sie kaum mehr über Vetorechte, und bei den Abstimmungen haben sie deutlich weniger Gewicht.

Die Euro-Krise

Im Oktober 2009 begann mit den Turbulenzen um Griechenland die Euro-Krise, die sich anschließend wie ein Lauffeuer von Land zu Land fressen sollte. Im Juli 2012 waren neben Griechenland auch Irland und Portugal von Kredithilfen der übrigen Euroländer abhängig, Spanien und Zypern erhielten Direkthilfen für ihre Banken. Auf dem Höhepunkt der Finanzmarktkrise hatte man den Euro noch als Stabilitätsanker angesehen. So erklärte Otmar Issing, der frühere Chefvolkswirt der Europäischen Zentralbank, im Dezember 2008: »Auch wenn dies vielen nicht bewusst ist: Die nun schon mehr als 15 Monate anhaltende Finanzmarktkrise macht die Vorteile der gemeinsamen Währung in ganz besonderer Weise offenkundig. Ohne den Euro hätten sich die Turbulenzen von den Finanzmärkten auf die Devisenmärkte übertragen. Ob D-Mark, französischer Franc oder italienische Lira, so gut wie alle nationalen Währungen wären zum Spielball von Spekulationen geworden.« Doch Issing fügte eine Warnung an: »Das bedeutet jedoch nicht, dass die Akkumulation von Ungleichgewichten innerhalb der Währungsunion keine Probleme aufwerfen würde.«[156] Es waren denn auch diese »Ungleichgewichte«, die den Euro aus der Bahn werfen sollten.

Die Gegensätze zwischen Kern und Peripherie

Der freie EU-Binnenmarkt begünstigt die überlegenen Konzerne Kerneuropas, insbesondere die Deutschlands. Nur dank des Exports in die übrigen EU-Länder, in die ca. 60 bis 65 Prozent deutscher Waren und Dienstleistungen gehen, konnte das Land den zweifelhaften Ruhm eines Exportweltmeisters erringen.

Die geringe Konkurrenzfähigkeit europäischer Peripherieländer wie Griechenland, Portugal und Spanien und die sich daraus ergebenden negativen Handelsbilanzen führten zu einem permanenten Abfluss von Vermögen aus diesen Ländern. Für den notwendigen Ausgleich sorgten Gelder von Banken und Finanzinstituten Kerneuropas. Innerhalb der Europäischen Union entwickelte sich auf diese Weise ein schwunghafter Austausch: Der florierende Export von Waren und Dienstleistungen in die Peripherie brachte den Unternehmen Kerneuropas hohe Gewinne. Da diese jedoch zu Hause, auch aufgrund ausbleibender Lohnsteigerungen und ausreichender Staatsnachfrage, nicht gewinnbringend genug angelegt werden konnten, wurde dieses Geld in Form von Krediten und Direktinvestitionen in die Peripherieländer exportiert, wodurch dort die Verbraucher-

156 Issing, 2008

nachfrage und das hohe Wachstum der Binnenwirtschaften aufrechterhalten werden konnten. Allein in Spanien lag das Wirtschaftswachstum zwischen 1999 und 2007 bei 3,9 Prozent im Jahresdurchschnitt und war damit fast doppelt so hoch wie in der gesamten Euro-Zone. Kaum beachtet wurde, dass es in erster Linie von der Bau- und Immobilienwirtschaft getragen wurde. Allein im Jahr 2005 wurden in Spanien 800.000 neue Wohneinheiten hochgezogen – mehr als in Deutschland, Frankreich und Großbritannien zusammengenommen.[157] Ähnlich sah es in Irland aus.

Staaten, Unternehmen und Privathaushalte in der europäischen Peripherie konnten sich in diesen Jahren günstig finanzieren. Da die gemeinsame Währung für Vertrauen auf den internationalen Kapitalmärkten sorgte, fielen die Renditen für Staatsanleihen. Niedrige Zinsen sorgten für eine steigende Nachfrage nach Hypotheken- und Konsumentenkrediten. Wie in den USA kam es zu einer »Subprime Crisis«, es wurden leichtfertig Kredite zum Erwerb von Immobilien und Luxusgüter an Privatleute vergeben, die sich das nicht leisten konnten.

Zwischen 2000 und 2007 sind so gigantische Summen in die Peripherie geflossen. Banken und übrige Finanzindustrie verliehen ca. 2,2 Billionen Euro an Schuldner in Spanien, Griechenland und Portugal. Empfänger dort waren die Staaten mit 567 Milliarden Euro, Banken mit einer Billion und übrige Unternehmen mit 534 Milliarden Euro. Geldinstitute kerneuropäischer Länder waren dabei die wichtigsten Geber. Nach einem Bericht der Bank für Internationalen Zahlungsausgleich hatten allein »deutsche Banken Ende 2009 in Spanien Kredite über insgesamt 202 Milliarden Dollar vergeben. Mit 109 Milliarden Dollar machten darunter die Forderungen gegenüber spanischen Banken den größten Teil aus. Noch höher ist dort

157 Vgl. Dräger / Wehr, 2010, S. 24-34

das Engagement französischer Banken mit 248 Milliarden Dollar. Darunter sind Darlehen an Unternehmen und Haushalte der größte Posten.«[158]

Warum Griechenland?

Von 2007 bis 2009 erlebte Europa die größte Krise seit Ende des Zweiten Weltkriegs. Die Wirtschaftsleistung ging 2009 in der EU um 4,2 Prozent zurück. Überall sanken die Staatseinnahmen aufgrund geringeren Steueraufkommens, gleichzeitig ließ der Anstieg sozialer Transferleistungen für die von Arbeitslosigkeit und Kurzarbeit Betroffenen die Ausgaben anwachsen. Staatliche Mittel wurden zudem für Konjunkturprogramme, etwa für Autoabwrackprämien, eingesetzt. Erhöhten sich schon allein deshalb die Staatsschuldenquoten, so stiegen sie zusätzlich durch die Programme zur Bankenrettung: Im Euroraum erhöhte sich die Schuldenquote zwischen 2006 und 2016 von 67,3 auf 88,9 Prozent. Allein in Griechenland stieg sie in diesem Zeitraum von 103,6 auf 180,8 Prozent, in Spanien von 38,9 auf 99 Prozent, was nahezu einer Verdreifachung gleichkam. Fast verdoppelt hatte sie sich zwischen 2006 und 2016 in Portugal von 69,2 auf 130,1 Prozent und in Zypern von 58,7 auf 107,1 Prozent. Deutlich stieg sie auch in Irland an: Von 23,6 auf 72,8 Prozent. Außerhalb des Euroraums erhöhten sich als Folge der Eurokrise die Verschuldungsraten ebenfalls, so etwa in Großbritannien von 40,8 im Jahr 2006 auf 88,4 Prozent in 2016.[159]

Als erstes Land der Euro-Zone geriet Griechenland im Herbst 2009 in Schwierigkeiten. Grund dafür war nicht allein die Verschuldung des Landes. Zwar war die griechische Staatsschuld 2009 mit 129 Prozent im Verhältnis zum Bruttoinlands-

---

158 Frankfurter Allgemeine Zeitung vom 14.6.2010

159 Angaben nach Eurostat, Bruttoverschuldung des Staates, jährliche Angaben, Stand März 2018

produkt (BIP) hoch, doch auch in Italien betrug sie zu diesem Zeitpunkt 115 Prozent und in Belgien hatte der Schuldenstand 1993 schon einmal 140 Punkte erreicht. Außerhalb Europas gibt es sogar noch weit höhere Staatsverschuldungen, etwa in Japan mit über 200 Prozent. Hoch war 2009 auch die Neuverschuldung Griechenlands mit 13,6 Prozent. Aber auch diese Rate war nicht ungewöhnlich. In Irland betrug der Fehlbetrag im selben Jahr 14,3 Prozent, in Großbritannien 11,5 und in Spanien 11,2 Prozent. Warum also wurde Griechenland zu *dem* Problemfall der Euro-Zone? Eine Antwort darauf kann nur gegeben werden, wenn man das Misstrauen, ja die Feindschaft berücksichtigt, die traditionell diesem Land, vor allem aus Deutschland, entgegengebracht wird. Aus Athen kommenden Statistiken schenkt man grundsätzlich keinen Glauben. Vor allem aber wird Griechenland vorgeworfen, sich den Betritt zur Euro-Zone 2001 mit Hilfe geschönter Zahlen erschlichen zu haben.

Entscheidend für den Absturz Griechenlands war, dass seine Staatsschuld 2009 zu lediglich 30 Prozent von einheimischen Gläubigern gehalten wurde. Damit lag das Land beim Anteil ausländischer Gläubiger an der Staatsschuld an erster Stelle in der EU.[160] Ganz anders sieht es in dem ebenfalls hoch verschuldeten Großbritannien oder in Japan aus. Hier sind es einheimische Gläubiger, die die Kredite gegeben haben. Diese Länder sind daher von außen nicht unter Druck zu setzen. Bei Beginn der Krise um Griechenland waren es denn auch vor allem deutsche und französische Banken sowie Versicherungen, die von ihren Regierungen verlangten, Druck auf Athen auszuüben, um durch rigide Kürzungen bei den Staatsausgaben zu gewährleisten, dass ihre Forderungen weiter bedient werden. Zur Stützung der Marktwerte dieser Staatsanleihen wurde außerdem durchge-

---

160 Frankfurter Allgemeine Zeitung vom 19.3.2010

setzt, dass die EZB solche Anleihen aufkaufen kann. Schließlich verlangte das Finanzkapital von den Euroländern, an Stelle der privaten Kapitalmärkte als Kreditgeber aufzutreten.

Für Griechenland hieß das, sich in eine vollkommene Abhängigkeit von den übrigen Euroländern und dem IWF zu begeben. Als Gegenleistung versorgen die übrigen Euroländer mittels des Europäischen Stabilitätsmechanismus (ESM) sowie der IWF das Land bis heute mit Krediten zur Aufrechterhaltung seiner Zahlungsfähigkeit. Mit den drei Hilfspaketen, die Griechenland 2010, 2012 und 2015 gewährt wurden, eröffnete man dem Land einen Kreditspielraum von insgesamt 368,6 Mrd. Euro. Von diesen Hilfen profitieren in erster Linie aber die privaten Banken, deren Forderungen Athen mit Hilfe der gewährten Darlehen fristgerecht bedienen kann.

Die öffentlichen Kredite sind zugleich mit strengen Auflagen für Athen verbunden. Sie zielen darauf ab, die Defizite in der Leistungsbilanz abzubauen. Dahinter steht die Vorstellung, der Volkswirtschaft des Landes auf diese Weise wieder zu internationaler Konkurrenzfähigkeit verhelfen zu können. Mit der Überwachung der Umsetzung dieser Maßnahmen wurde die »Troika« beauftragt, sie bestand zunächst aus Vertretern der EZB, der Europäischen Kommission und des IWF, inzwischen ist der ESM hinzugekommen. Der Preis, den das Land für diese Hilfen zu zahlen hat, ist hoch. Griechische Regierungen unterzeichneten für die Gewährung der Hilfen jeweils Memoranden, die zu einem umfangreichen Abbau sozialer Rechte sowie zur Absenkung von Löhnen und Renten führten. Das dritte Memorandum vom August 2015 ist das umfangreichste und zugleich härteste. Selbst das Recht der griechischen Regierung zur Vorlage von Gesetzentwürfen wurde darin eingeschränkt: »Die Regierung muss die Institutionen (die ›Troika‹, A. W.) zu sämtlichen Gesetzentwürfen in relevanten Bereichen mit angemessenem Vorlauf konsultieren und sich mit ihnen abstimmen, ehe eine öffentliche Konsultation durchgeführt oder das Parlament befasst wird.«[161] Dies bedeutet einen in der EU bislang beispiellosen Eingriff in die Souveränitätsrechte eines Mitgliedslandes. Griechenland wurde damit auf den Status einer von Brüssel abhängigen Halbkolonie herabgesetzt.

Aufstieg und Kapitulation von Syriza

Die ökonomische Krise führte zu grundlegenden Veränderungen der griechischen Parteienlandschaft. Die traditionellen Regierungsparteien, die sozialdemokratische Pasok und die konservative Nea Demokratia, verloren nacheinander die Macht. Die Pasok schrumpfte auf das Niveau einer Splitterpartei. Die Koalition der radikalen Linken (Syriza) stieg zum neuen Hoffnungsträger auf. Hatte sie 2009 lediglich 4,6 Prozent der Stimmen erhalten, so wurde sie bei den Wahlen im Januar 2015 mit mehr als 36 Prozent stärkste Partei. Erstmals war als Ergebnis der Krise in einem Land der Eurozone eine Partei der Linken an die Macht gekommen.[162]

Die Athener Linksregierung unter Ministerpräsident Alexis Tsipras geriet direkt nach ihrem Amtsantritt in der Eurozone in die Defensive. Griechenland stand allein. Ein von der Regierung abgehaltenes Referendum sollte schließlich den Befreiungsschlag bringen. Zur Abstimmung standen am 5. Juli 2015 die Bedingungen der Gläubiger für weitere Kredithilfen, die nur als Aufforderung zur Kapitulation der Linksregierung angesehen werden konnten. Bei einer Wahlbeteiligung von 62,5 Prozent wurden sie mit 61,3 Prozent der Stimmen abgelehnt. Mit ihrem Nein, auf Griechisch Oxi, verteidigten die Griechen die Souveränität ihres Landes.

---

161 Erklärung des Eurogipfels vom 12.7.2015, www.consilium.europa.eu/de/press/press-releases/2015/07/12-euro-summit-statement-greece

162 Zu Aufstieg und Politik von Syriza vgl. Wehr, 2016, hier S. 46-94

Doch das Referendum blieb ohne Folgen, denn es fehlte der Regierung an einer glaubwürdigen Alternative gegenüber der weiteren Unterordnung unter das Diktat der Gläubiger. Einen Austritt des Landes aus der Eurozone hatte die griechische Regierung stets abgelehnt. Sie hatte also keinen »Plan B«, der zu einem Verlassen der Eurozone, verbunden mit der Wiedereinführung der alten Währung Drachme, hätte führen können. Nur wenige Tage nach dem Referendum unterzeichnete Ministerpräsident Tsipras das dritte Memorandum und damit zugleich die Kapitulationsurkunde seiner Regierung. Das Ende des »griechischen Frühlings« nur sechs Monate nach dem fulminanten Wahlsieg Anfang 2015 schockierte all jene, die gehofft hatten, dass der griechischen Linken ein Durchbruch hin zu einer anderen ökonomischen und politischen Logik gelingen könnte. Von Athen aus sollten Impulse für Veränderungen auch in anderen Krisenländern, etwa in Spanien und Portugal, ausgehen. Es sollte ein Schritt sein hin zu jenem anderen, sozialen und demokratischen Europa, welches die Europäische Linke als ihr Ziel ausgibt. Mit dem Ende des »griechischen Frühlings« ist diese Hoffnung verflogen.

Die gescheiterte »Rettung« Griechenlands

Die Griechenland von den Gläubigern verordneten Maßnahmen zeigten keinen Erfolg. Im Gegenteil: Die Staatsschuld stieg trotz eines Schuldenschnitts im Frühjahr 2012 weiter an. Die Wirtschaftsleistung sank so stark, dass das Land inzwischen ein Viertel seines Bruttoinlandsprodukts eingebüßt hat. Die Arbeitslosigkeit stieg im Jahr 2013 auf den Rekordwert von 27 Prozent und lag 2017 immer noch bei 22 Prozent, so hoch wie in keinem anderen Land der EU. Auch bei der Jugendarbeitslosigkeit liegt Griechenland mit mehr als 44 Prozent an der Spitze, was bedeutet, dass nahezu jeder zweite Jugendliche arbeitslos ist. Das Zusammenstreichen staatlicher Investitionen, die Absenkung der Gehälter der öffentlich Bediensteten sowie die wiederholte

Kürzung von Sozialleistungen und Renten haben dem Land Konsumkraft entzogen mit der Folge zahlreicher Unternehmenszusammenbrüche, was zu weiteren Steuerausfällen führte. Sieben Jahre nach Beginn der »Rettung« ist Griechenland noch immer nicht auf einen Wachstumspfad zurückgekehrt. Der Lebensstandard der Bevölkerung sinkt seit Jahren. Armut und Verelendung haben sich breit gemacht. Seit 2008 haben nicht weniger als 425.000 Menschen das Land verlassen, das entspricht knapp zehn Prozent der Bewohner im erwerbsfähigen Alter.

Irland, Portugal, Zypern und Spanien unter dem Rettungsschirm

Im Dezember 2010 mussten auch Irland und im Mai 2011 Portugal Mittel aus der Europäischen Finanzstabilisierungsfazilität (EFSF) beantragen. Wie zuvor Griechenland, wurden auch ihnen Memoranden diktiert, deren Auflagen zu einem Rückgang der Kaufkraft, einem Anstieg von Insolvenzen und der Arbeitslosenquote bei gleichzeitig sinkenden Steuereinnahmen führten. Irland und Portugal mussten sich dem Druck der Eurostaaten beugen, da – ähnlich wie in Griechenland – auch hier die Anteile der Auslandsverschuldungen an der gesamten Staatsverschuldung hoch sind. Als viertes Land suchte im Juni 2012 Zypern um Unterstützung der Euroländer für seinen Bankensektor nach, nun aus dem inzwischen geschaffenen ESM dem Nachfolger der EFSF. Aufgrund seiner engen wirtschaftlichen Verflechtung mit Griechenland war Zypern immer stärker in den Strudel der Krise geraten. Auch Spanien musste im Juli 2012 zur Stützung seiner in Schieflage geratenen Banken Mittel des ESM in Anspruch nehmen.

Das Kredithilfeprogramm für Irland endete im Dezember 2013, das für Spanien im Januar 2014 und das Programm für Portugal im Juni 2014. Zypern folgte im März 2016. All diese Länder bleiben aber noch für lange Zeit unter Finanzaufsicht der EU bzw. des IWF, zumindest bis 75 Prozent der gewährten Kredite zurückgezahlt worden sind. Das wird bei Irland im Jahre 2031 der Fall sein, bei Portugal sogar erst 2033.

»Was auch immer nötig ist« – Die Krisenpolitik der Europäischen Zentralbank

Zur Stabilisierung der Eurozone verkündete die Europäische Zentralbank das OMT-Programm, OMT steht dabei für *Outright Monetary Transaction*, was als »vorbehaltlose geldpolitische Geschäfte« übersetzt werden kann. Von einigen wird dieses Programm sogar als »entscheidend für das Überleben des Euros«[163] angesehen. Im Mittelpunkt steht dabei das Versprechen der Zentralbank, Staatspapiere der Krisenländer im Notfall unbegrenzt aufzukaufen. Diese Zusage gab EZB-Präsident Mario Draghi auf einer Pressekonferenz am 26. Juli 2012. Er bestärkte sie mit den berühmt gewordenen Worten »Whatever it takes« (Was auch immer nötig ist). Und zur Unterstreichung seines Willens fügte er hinzu: »And believe me, it will be enough«.[164]

Bisher bedurfte es nicht mehr als dieses Versprechens. Es reichte aus, um das Vertrauen der Investoren in die Bonität der Krisenländer zurückkehren zu lassen. Die Risikoprämien im Zins sanken und die Krisenländer erhielten Luft zum Atmen. Das Versprechen Draghis besagt, dass die EZB im Rahmen des OMT-Programms mögliche »Verluste, die auf die in ihrem Besitz befindlichen Schuldpapiere entfallen, bei einem Konkurs des entsprechenden Staates vollumfänglich tragen« wird.[165] Da hinter der EZB die nationalen Notenbanken stehen, die diese Verluste dann auffangen müssen, sind es aber die Euroländer, die anschließend zur Kasse gebeten werden.

---

163 Frankfurter Allgemeine Zeitung vom 19.8.2017

164 Vgl. Starbatty, 2013, S. 185

165 Sinn, 2016, S. 150

Quantitative Easing und Nullzinspolitik

In den mehr als zehn Jahren seit Beginn der Eurokrise wurde eine Vielzahl weiterer Initiativen, Verordnungen, Richtlinien und Verträge auf den Weg gebracht. Alle mit dem Ziel, die Stabilität der Eurozone zu erhöhen.

Zu nennen ist hier vor allem das Security Market Programme (SMP), womit der Kauf von Staatspapieren der Krisenländer durch die EZB möglich wurde. Erworben wurden Staatsanleihen, zunächst griechische, irische und portugiesische, später auch italienische und spanische. Insgesamt summierten sich diese Käufe auf 223 Milliarden Euro.

Unter dem Namen Quantitative Easing (QE), Quantitative Erleichterung, wurde von der EZB 2015 ein Aufkaufprogramm aufgelegt, in dessen Rahmen nicht allein nur Staatspapiere, sondern auch Anleihen europäischer Institutionen und sogar von Firmen aufgekauft werden können. Ziel ist es, Liquidität in die Finanzkreisläufe zu pumpen, um so die Zinsen niedrig zu halten. Im Ergebnis des QE-Programms wurden die Notenbanken »zu den größten Gläubigern der Staaten und können nur noch eingeschränkt unabhängig handeln.«[166]

Ein weiteres Instrument zur Stabilisierung der Eurozone stellt die von der EZB verfolgte Niedrigzins- bzw. Nullzinspolitik dar. Banken, die überschüssiges Geld bei der Zentralbank parken, müssen sogar Strafzinsen zahlen. Als Grund für die anhaltende Niedrigzinspolitik wird die weiterhin unsichere Konjunkturlage in der EU angegeben. Begünstigt durch die Niedrigzinspolitik, können sich die Krisenländer auf den Finanzmärkten günstiger finanzieren. Ein negativer Nebeneffekt der Niedrigzinspolitik ist der von ihr ausgehende Druck auf Sparvermögen, Renten und Stiftungseigentum. Auf normale Sparguthaben werden kaum noch nennenswerte Zinsen gezahlt. Kapitalbasierte Rentenver-

---

166 Frankfurter Allgemeine Zeitung vom 6.9.2017

sicherungen werden wegen ausbleibender Zinszahlungen notleidend und müssen zum Mittel der Leistungskürzung greifen, auch Versicherungen geraten in diese Zwangslage. Stiftungen, denen gesetzlich untersagt ist, ihr Vermögen anzugreifen, können aufgrund fehlender Zinseinnahmen nicht mehr ihren Zweck erfüllen. Die Kosten der Bewältigung der Eurokrise werden so nach unten weitergereicht. Es tritt ein, was vorausgesagt und immer befürchtet wurde: Während die privaten Gewinne der Jahre des Booms längst konsumiert oder krisenfest angelegt sind, werden die Verluste der Krise schrittweise sozialisiert.[167]

Neue Institutionen der Mitglieder der Eurozone

Zur Bewältigung der Eurokrise wurde mit dem Europäischen Stabilitätsmechanismus eine neue Institution außerhalb des Rahmens der Union geschaffen. Der ESM wurde im März 2011 als Nachfolger für die bis Mitte 2013 befristete EFSF eingerichtet. Anders als die EFSF ist der ESM ein zeitlich unbefristeter Fonds mit einem Ausleihevolumen von 500 Mrd. Euro. Damit der ESM bei den Ratingagenturen eine Bestnote erhalten kann, wurde eine Übersicherung vereinbart, so dass insgesamt 700 Mrd. Euro haftendes Kapital erforderlich sind. Diese 700 Mrd. Euro setzen sich aus Bareinzahlungen der Euroländer in Höhe von 80 Mrd. Euro und Garantien über 620 Mrd. Euro zusammen. Die jeweilige Haftung der Eurostaaten entspricht ihren Kapitalanteilen an der EZB. Für Deutschland beträgt die Haftungszusage insgesamt 190 Mrd. Euro, was nicht weniger als der Hälfte des Jahresetats des Bundes entspricht. Nach einer Analyse der Deutschen Bank kann sich diese Haftung aber auf 400 Milliarden Euro verdoppeln, da bei Bedarf das ESM-Volumen durch einen Beschluss des den Fonds leitenden Gouverneursrates jederzeit ausgeweitet werden kann.

---

167 Zur Rolle der EZB in der Eurokrise vgl. Wehr, 2018, S. 26 bis 31

Die Stimmengewichte im Gouverneursrat des ESM entsprechen den jeweiligen Kapitalanteilen am Fonds. Der deutsche Anteil liegt bei 27 und der Frankreichs bei 20,2 Prozent. Das Übergewicht von Deutschland und Frankreich ist daher deutlich größer als bei der Stimmengewichtung im Ministerrat der EU. Da qualifizierte Mehrheiten im ESM-Gouverneursrat nur bei einer Zustimmung von mindestens 80 Prozent zustande kommen, kann damit jedes dieser beiden Länder unliebsame Beschlüsse verhindern. Nur einen sehr geringen Einfluss haben hingegen die Defizitländer Griechenland (2,8 Prozent), Portugal (2,5 Prozent), Irland (1,6 Prozent) und Zypern (0,2 Prozent).

Der Bundestag gab im Juni 2012 seine Zustimmung zur Einrichtung des ESM. Das Bundesverfassungsgericht billigte diese Entscheidung. Das Gericht verlangte von der Bundesregierung lediglich, die Beteiligungsrechte des Bundestags künftig zu wahren und ihrer Unterrichtungspflicht jeweils zeitnah nachzukommen. Zudem dürfe die Haftungssumme nur angehoben werden, wenn der Bundestag dem vorher zustimme.

Verschärfung des Stabilitäts- und Wachstumspakt und ein neuer Fiskalpakt

Zur Erhöhung des Drucks auf die Defizitländer wurde der Stabilitäts- und Wachstumspakt erheblich verschärft. Sanktionen gegen die Verletzung des Pakts können jetzt schon sehr viel früher ausgesprochen werden. Mit dem im März 2012 von den Eurostaaten beschlossenen Vertrag über Stabilität, Koordinierung und Steuerung in der Wirtschafts- und Währungsunion (Fiskalpakt) wurden Regelungen zum Schuldenabbau mit strengen Obergrenzen für die Staatsverschuldung festgelegt. Die Unterzeichnerstaaten – alle EU-Länder mit Ausnahme Großbritanniens und der Tschechischen Republik – verpflichteten sich, nach deutschem Vorbild eine Schuldenbremse in ihre Verfassungen aufzunehmen. Ziel ist es, auf diesem Weg einer Fiskalunion und damit einer politischen Union näher zu kommen. Diesem Ziel dient auch die sogenannte Bankenunion, mit der eine Aufsicht über die 120 wichtigsten Banken in der EU geschaffen wurde. Als dafür zuständige Behörde bestimmte man die nach den europäischen Verträgen dafür gar nicht zuständige Europäische Zentralbank.

Eine institutionelle Spaltung der EU

Der Euro ist die Währung von lediglich 19 der 28 Mitgliedsländer. Damit ist die EU institutionell gespalten. Mit der Einrichtung der EFSF bzw. des ESM sowie mit dem Fiskalpakt wurde diese Spaltung vertieft, denn die Verträge dafür sind außerhalb der Union geschlossen worden. Es wurde damit faktisch eine zweite EU innerhalb und zugleich außerhalb der Union gegründet. Die Euro-Länder entschieden, die EFSF bzw. den ESM als Aktiengesellschaften mit Sitz in Luxemburg einzurichten. Darüber schlossen sie separate Verträge. In den Vertrag über die Arbeitsweise der Europäischen Union (AEUV) wurde lediglich eine Ermächtigung für die Einrichtung des ESM eingefügt.[168] Auch der Fiskalpakt ist ein Vertrag außerhalb der EU.

Mitentscheidungsrechte des Europäischen Parlaments gibt es bei all diesen Abkommen ebenso wenig wie eine Kontrolle durch den Europäischen Rechnungshof. Auch die nationalen Parlamente werden umgangen. Die vom Deutschen Bundestag und vom Bundesrat mühsam errungenen Beteiligungsrechte in Angelegenheiten der Europäischen Union gelten hier nicht. Vom Bundesverfassungsgericht wurde dies ausdrücklich gerügt.[169]

---

168 Dem Artikel 136 AEUV wurde ein Absatz 3 hinzugefügt: »Die Mitgliedstaaten, deren Währung der Euro ist, können einen Stabilitätsmechanismus einrichten, der aktiviert wird, wenn dies unabdingbar ist, um die Stabilität des Euro-Währungsgebiets insgesamt zu wahren.«

169 Vgl. Urteil des 2. Senats des Bundesverfassungsgerichts vom 19.6.2012, 2 BVE 4/11

Zugleich befindet sich der ESM aber auch innerhalb der EU, da er bei seiner Arbeit auf bestehende europäische Institutionen zurückgreift. So wird etwa die Europäische Kommission genutzt, um – zusammen mit der EZB und dem IWF – die Einhaltung der mit der Kreditvergabe durch den ESM verbundenen Auflagen zu überwachen. Aus dieser Inanspruchnahme von Einrichtungen der Union auf Grundlage außerhalb der EU geschlossener Verträge ergeben sich erhebliche institutionelle und juristische Probleme. Die Mitgliedsländer außerhalb der Euro-Zone sehen in ihnen zu Recht eine Zweckentfremdung von Einrichtungen der Union. Für die europäische Integration bedeutet diese Entwicklung einen Rückschritt, hat sie doch faktisch die Aufspaltung der Union zwischen Mitgliedsländern mit und solchen ohne Euro zur Folge.

Die Unmöglichkeit einer europäischen Flüchtlingspolitik

Die Flüchtlingswelle, die Griechenland und damit die EU 2015/16 erreichte, stellte für die Union eine weitere große Herausforderung dar, der sie sich nicht gewachsen zeigte. Es versagte dabei mit dem Dublin-Verfahren ihr Regelungswerk, wonach dasjenige EU-Land für die Bearbeitung des Asylantrags zuständig ist, in dem der Flüchtling als erstes den Boden der EU betritt. Die Flüchtlinge wurden in Griechenland nicht nur nicht registriert und nicht in das Asylverfahren genommen, sie zogen direkt nach Ankunft ungehindert auf der Balkanroute nach Mitteleuropa weiter. Auf ihrem Weg durchquerten sie weitere EU-Länder, je nach Route Ungarn, Kroatien, Slowenien und Österreich, ohne dass diese Staaten dafür sorgten, dass sie dort ihre Asylanträge stellten. Erst durch die Schließung der Balkanroute durch das nicht zur EU gehörende Mazedonien wurde der Zustrom Anfang Februar 2016 unterbrochen. Bis dahin waren aber bereits 1,2 Millionen Menschen auf diese Weise nach Mitteleuropa gekommen.

Die Europäische Union reagierte auf diese Situation mit hilflosen Appellen zur Einhaltung der Dublin-Regelungen sowie mit Hilfen für eine bessere Sicherung der EU-Außengrenze in Griechenland, die sich aber als wirkungslos erwiesen. Beschlossen wurde auch eine EU-interne Umverteilung von Flüchtlingen aus mitteleuropäischen Ländern in von der Flüchtlingswelle weniger betroffene Staaten. Doch dieses Vorgehen war von Beginn an unter den Mitgliedsländern umstritten. Vor allem osteuropäische Staaten weigerten sich, die im Ministerrat gegen ihr Votum gefassten Beschlüsse über die Verteilung von insgesamt 120.000 Flüchtlingen umzusetzen. Die Kommission antwortete darauf mit einer exemplarischen Klage gegen Ungarn, Polen und Tschechien vor dem Europäischen Gerichtshof. Um Osteuropa gefügig zu machen, brachten die deutsche Bundesregierung und die Kommission sogar die erpresserische Drohung mit dem Entzug von Mitteln aus den Regional- und Agrarfonds bei »Nichtabnahme« von Flüchtlingen ins Spiel.

Doch es sind nicht nur die vier mittelosteuropäischen Visegrád-Staaten Polen, Tschechien, die Slowakei und Ungarn, die auf ihrem strikten Nein gegenüber Zuweisungen bestehen. Keine Bereitschaft zeigen auch die drei baltischen Länder. Sie alle wenden gegen die Entscheidung des Ministerrats ein, dass in der Umverteilung nicht der Schlüssel zur Lösung der Flüchtlingskrise liege. Im Gegenteil: Die mit Hilfe der Umverteilung vergrößerte Aufnahmekapazität der EU schaffe nur einen weiteren Anreiz für Fluchtbewegungen. Vorgebracht wird auch, dass die Flüchtlinge gar nicht in das vergleichsweise arme Osteuropa kommen wollen, wo ihnen kaum mehr als das zum Überleben Notwendige bereitgestellt werden kann. Ihr Ziel sei vielmehr Mittel- bzw. Nordeuropa, wohin sie dann auch nach einer gewissen Übergangszeit weiterziehen würden.

Brüssel und Berlin ließen diese Argumente nicht gelten. Sie ignorieren auch die Historie der osteuropäischen Länder, die im Unterschied zu den meisten westeuropäischen nie Kolonialmächte waren und daher keine Einwanderung aus der Dritten Welt kennen. Sie sind auch nicht traditionelle Zielländer der Arbeitsmigration aus islamischen Ländern, wie etwa Deutschland mit dem jahrzehntelangen Zuzug aus der Türkei. In Osteuropa registriert man vielmehr sehr genau, dass die in Westeuropa versuchte Integration von Millionen Zuwanderern aus islamisch geprägten Ländern alles andere als eine Erfolgsgeschichte ist: »Bei einer Umfrage Anfang März (2017, A. W.) sprachen sich 70 Prozent der Polen gegen die Aufnahme von Flüchtlingen aus muslimischen Ländern aus; dafür war nur ein Viertel.«[170] Nur so wird verständlich, dass selbst EU-Ratspräsident Donald Tusk, der in der polnischen Innenpolitik stets ein scharfer Kritiker der regierenden konservativen Partei Recht und Gerechtigkeit (PiS) ist, im Dezember 2017 Zweifel am Sinn der Umverteilungspolitik äußerte.[171] Und für Tschechien »warnte dessen Außenminister Lubomír Zaorálek die Kommission davor, immer wieder mit Vorschlägen zu kommen, die Europa spalteten. Dem Parlament in Prag liegt ein Antrag vor, eine Volksabstimmung über einen Austritt aus der EU (Czexit) zuzulassen. Eine breite parlamentarische Mehrheit unter Einschluss von Abgeordneten der Regierungsparteien stimmte dafür, ihn auf die Tagesordnung zu setzen.«[172]

Kaum jemand hätte nach der Wende von 1989/91 und nach dem Beitritt der osteuropäischen Länder zur EU 2004 bzw. 2007 für möglich gehalten, dass diese einst vom Westen

---

170 Frankfurter Allgemeine Zeitung vom 9.6.2017

171 Frankfurter Allgemeine Zeitung vom 15.12.2017

172 Frankfurter Allgemeine Zeitung vom 6.5.2016

umworbenen und so herzlich in der Union willkommen geheißenen Staaten so schnell zu Schmuddelkindern der EU werden. Hier vollzog sich eine beispiellose Entfremdung zwischen Kern- und Osteuropa. Vereinzelt wird mit Blick auf die Visegrád-Staaten bereits von einem neuen »Ostblock« gesprochen.[173] Es ist daher nicht mehr undenkbar, dass die Flüchtlingspolitik der EU eines Tages zum Austritt eines oder gar mehrerer osteuropäischer Länder führt. Schon heute stellt diese Frage einen weiteren Spaltpilz innerhalb der Union dar.

Die EU ohne Großbritannien

Neben der Eurokrise und des Streits darüber, welche Antwort die Union auf die Flüchtlingswelle geben soll, kam mit der Entscheidung der Briten vom 23. Juni 2016, die EU zu verlassen, eine weitere Krise der Union hinzu die ihren Bestand infrage stellt.

Die Beteiligung am Referendum betrug 72,2 Prozent und lag damit deutlich höher als bei Abstimmungen in Großbritannien üblich. Bei den Wahlen zum Europäischen Parlament 2014 waren es sogar nur 36 Prozent gewesen, also gerade einmal halb so viel wie beim Referendum. Insgesamt beteiligten sich 33.551.983 Wahlberechtigte an der Abstimmung. Von ihnen stimmten 51,9 Prozent für den Austritt, für *Leave*, und 48,1 Prozent für *Remain*, für den Verbleib. Das Ergebnis war damit knapp, aber eindeutig.

Der Austritt eines Landes wie Großbritannien, der zweitstärksten Volkswirtschaft der EU, stellt einen Einschnitt in der Geschichte der EU dar. Sie verliert damit eines ihrer wichtigsten Länder. Mit einem Bruttoinlandsprodukt von 2.569 Mrd.

173 Hockenos, 2018

Euro im Jahr 2015 ist Großbritannien nach Deutschland mit 3.026 Mrd. Euro eine größere Wirtschaftsmacht als Frankreich mit einem Bruttoinlandsprodukt von 2.184 Mrd. Euro. Sein ökonomisches Gewicht entspricht dem addierten Potenzial der 20 kleineren EU-Länder, d. h. sie alle müssten austreten, damit es einen vergleichbaren Effekt gäbe. Mit 64,9 Millionen Bewohnern gehört Großbritannien zudem zu den bevölkerungsreichsten Staaten der Union.

Kaum zu überschätzen ist der Verlust Großbritanniens für den Aufbau einer Gemeinsamen Außen- und Sicherheitspolitik (GASP) der Union. Neben Frankreich gehört das Land zu einem der zwei EU-Staaten mit einem ständigen Sitz im Sicherheitsrat der Vereinten Nationen. Seine Rüstungsindustrie ist hochentwickelt und der Rüstungskonzern British Aerospace Electronic Systems (BAE) gilt als der zweitwichtigste der Welt. Die britische Industrie gehört zu den weltweit wenigen, die in der Lage sind, ein Atom-Unterseeboot zu bauen. Großbritanniens Armee zählt zu den international erfahrensten und kampfstärksten. Auf all das wird die EU künftig verzichten müssen.

Entscheidender Impuls für den Austritt war der Wille der Brexitbefürworter nach Wiedererlangung der uneingeschränkten nationalen Souveränität. Es ging nicht um die eine oder andere Brüsseler Entscheidung, mit der man nicht einverstanden war. Es ging vielmehr darum, ob über die Angelegenheiten des britischen Volkes auch in Brüssel oder Straßburg oder aber allein in London entschieden werden soll, ob britische Gerichte über die eigenen Angelegenheiten entscheiden sollen oder aber der Europäische Gerichtshof in Luxemburg. Es ging um das Recht, selbständig zu bleiben: »Let's take back control« lautete daher die Parole der Austrittsbefürworter in Großbritannien.

V.
Die Europäische Union: Entdemokratisierung und Sozialabbau

Die EU als neues Phänomen

Trotz der jüngsten Rückschläge und Krisen bleibt der von der Europäischen Union erreichte Integrationsgrad bemerkenswert. Er ist nicht mit dem anderer ökonomischer Staatenbündnisse vergleichbar, sei es das North American Free Trade Agreement (NAFTA), die Association of Southeast Asian Nations (ASEAN) oder die Asia Pacific Economic Cooperation (APEC). Anders als diese lediglich losen Zusammenschlüsse gründet sich die EU auf ein umfangreiches Vertragssystem und auf feste Institutionen. Der in über 50 Jahren angewachsene Bestand gemeinsamer Rechtsakte, der *Acquis communautaire*, umfasst neben den Verträgen Tausende Richtlinien, Verordnungen und Beschlüsse. Die EU verfügt über einen eigenen Haushalt, sie hat einen Gerichtshof, einen Rechnungshof, eine Zentralbank und eine gemeinsame Währung, die in 19 ihrer 28 Mitgliedsländer Zahlungsmittel ist. Es gibt das Europäische Parlament, welches allerdings aufgrund fehlender eigener Rechte kein echtes Parlament ist. Durch umfangreiche Kompetenzübertragungen auf die europäische Ebene kommt der nationalen Gesetzgebung oft nur noch die Aufgabe zu, dort getroffene Entscheidungen umzusetzen, wenn auch der Umfang europäischer Vorgaben oft überschätzt wird.[174] Im Zuge der Integration haben sich die Rechtsschutzsysteme der Mitgliedsländer verändert. Das Prinzip der unmittelbaren Wirkung des EU-Rechts verpflichtet die nationalen Gerichte Rechtsnormen anzuwenden, die außerhalb und möglicherweise sogar gegen den Willen des Staates zustande gekommen sind. Die Union stellt mit diesem hohen Grad der Integration ein neues Phänomen dar.

Die EU ist Ausdruck der objektiven Vergesellschaftung der Ökonomie im Sinne einer immer arbeitsteiligeren und immer größere Räume umfassenden Produktion und Konsumtion: »Die Größenordnung der Kapitale und der für sie erforderlichen Aufwendungen, die betriebliche wie die weltwirtschaftliche Vergesellschaftung der Produktion erreichten Ausmaße, die unter den Bedingungen des bisherigen Kapitalismus, des sogenannten klassischen Konkurrenz-Kapitalismus, nicht mehr existieren konnten; die aus der ›klassischen‹ Entwicklung des Kapitals hervorgegangene Form der kapitalistischen Produktionsverhältnisse wurde zur Fessel und musste gesprengt werden. Und sie wurde gesprengt.«[175] Dieser Prozess wird auch als Globalisierung der kapitalistischen Produktion bezeichnet. Dabei ist die Globalisierung sowohl Ergebnis wie Antrieb der Entwicklung: »Außenhandel, Kapitalexport und Ausdehnung des Wirtschaftsraumes wirken also unmittelbar auf die Verwertungsbedingungen des Kapitals ein. Sie sind

174 Oft wird behauptet, dass mittlerweile 80 Prozent der nationalen Gesetzgebung auf europäisches Recht zurückgingen. Nach einer Statistik der Bundestagsverwaltung sind es tatsächlich aber nur 31,5 Prozent, also weniger als ein Drittel, vgl. Frankfurter Allgemeine Zeitung vom 3.9.2009 und vom 24.4.2008

175 Gudopp, 1995, S. 20

Resultat wie Triebkraft der Entfaltung der inneren Widersprüche des Kapitalverhältnisses in seiner historischen Bewegung. (...) In der Internationalisierung kapitalistischer Produktionsverhältnisse setzt sich somit die Verwertung des Kapitals als der ›treibende Faktor‹ der kapitalistischen Produktionsweise durch.«[176]

Da aber die EU als regionale Form dieser Internationalisierung von kapitalistischen Staaten getragen wird, sind der Vergesellschaftung Grenzen gesetzt. So sind auch nach mehr als 50 Jahren europäischer Integration die Kernbereiche nationaler Souveränität, die Außen- und Sicherheitspolitik der Mitgliedsländer, noch weitgehend intakt. Auch in der Innen- und Rechtspolitik, der Steuer-, Finanz- und Haushaltspolitik, konnten die Staaten ihre Kompetenzen behaupten. Überall hier stößt die Vergesellschaftung an Grenzen, weil die Mitgliedsländer als Verteidiger der Interessen des jeweiligen Monopolkapitals in ihrem Konkurrenzkampf nicht auf die Kernbereiche ihrer Staatlichkeit verzichten können.

Im Unterschied zum Zeitalter der Herausbildung der modernen europäischen Nationen im 18. und 19. Jahrhundert entsteht daher mit der EU kein neuer Staat. Wir sind nicht – wie die folgenden Buchtitel suggerieren – »Auf dem Weg zur Supermacht«[177] bzw. zur »Welt-Macht Europa«[178]. Es gibt auch keinen »Eurokapitalismus«[179] oder »eine Tendenz zum Euroimperialismus«[180], wie gelegentlich angenommen wird, denn es fehlt an der entscheidenden Grundlage für eine solch neue Qualität, an einer übergreifenden transnationalen kapitalistischen Klasse:

---

176 Deppe, 1975, S. 276

177 Oberansmayr, 2004

178 Pflüger / Wagner, 2006

179 Beckmann / Bieling / Deppe, 2003, S. 9; so auch: Bieling, 2000, S. 9

180 Karras / Schmidt, 2004, S. 51

»Die teilweise Durchdringung von nationaler Bourgeoisie und Auslandskapital bewirkt jedoch keine Auflösung oder gar Vermischung der Bourgeoisien. Es bleiben wichtige Unterschiede. So handelt es sich beim Auslandskapital in aller Regel um Töchter von Muttergesellschaften, die vom Hauptsitz in einem anderen Land aus kontrolliert werden. Über Verwendung der Gewinne, das Ausmaß von Investitionen, Fortbestand oder Schließung wird von einer ausländischen Zentrale aus entschieden, nach Maßgabe von Interessenslagen der Konzernmütter, die sich den Einflüssen am Standort entziehen.«[181]

Kooperation und Konkurrenz in der EU

Die Europäische Union stellt demnach eine entwickelte Form der Kooperation von Staaten dar. Sie ist aber zugleich Austragungsort des Kampfes unter ihnen. So ist die Geschichte der EU immer auch eine des Ringens zwischen Deutschland und Frankreich um den entscheidenden Einfluss in ihr, wobei sich Phasen engen Zusammenwirkens mit solchen offener Konkurrenz ablösen. Seit dem Anschluss der DDR an die Bundesrepublik und der Rückgewinnung des Handlungsspielraums des deutschen Monopolkapitals im europäischen Osten ist jedoch der Kampf um die Hegemonie in der EU zugunsten Deutschlands entschieden.

In Krisenzeiten schwächt sich regelmäßig die innereuropäische Kooperation ab, und es verstärkt sich die Konkurrenz. Vertraglich festgelegte Aushandlungsverfahren werden dann auch gelegentlich ignoriert. So entschied man in der Euro-Krise über Maßnahmen zur Stabilisierung angeschlagener Defizitstaaten nicht in dem eigentlich zuständigen Ministerrat, sondern in der lediglich informell tagenden Eurogruppe, in der nur die Euroländer vertreten sind. Neue Institutionen, wie die EFSF und

181 Landefeld, 2008, S. 13; vgl. auch Landefeld, 2010, S. 33ff

der ESM, wurden außerhalb der Union eingerichtet. Dominiert werden sie von den kerneuropäischen Ländern, und hier in erster Linie von Deutschland,. Die damit einhergehenden Veränderungen im europäischen Machtgefüge werden in der deutschen Presse mit Genugtuung kommentiert: »Es ist offensichtlich, dass die Finanz- und Staatsschuldenkrise die Verlagerung der Macht hin zu den Mitgliedstaaten verstärkt hat. So ist etwa die Stellung Deutschlands (…) heute so stark, wie das noch nie in der Geschichte der Einigung der Fall war. Spiegelbild ist die relative Schwäche Frankreichs und Großbritanniens.«[182] Noch gravierender sind die von der Krise ausgelösten Machtverschiebungen zwischen europäischem Kern und Peripherie. Dadurch wird die EU immer weniger ihrem selbst gestellten Anspruch gerecht, eine auf Zusammenarbeit und Aushandlung angelegte Institution zu sein. Stattdessen hat sich eine Hegemonialordnung mit Deutschland an der Spitze herausgebildet.

Die Eurokrise und der Streit zwischen ost- und kerneuropäischen Ländern in der Flüchtlingskrise haben zu einer Verbitterung zwischen den Völkern geführt, die sie mehr und mehr entfremdet. In Griechenland, Italien und weiteren Ländern des Südens werden immer häufiger Parallelen zwischen den unguten historischen Erfahrungen mit Deutschland und der aktuellen Entwicklung gezogen. Karikaturen deutscher Politiker in Naziuniformen gehören dort mittlerweile zur Tagesordnung. Der »hässliche Deutsche« ist zurück. Auch in den osteuropäischen Staaten vergleicht man das traditionelle deutsche Vormachtstreben in dieser Region mit dem Druck, den gegenwärtig Berlin auf diese Länder ausübt. Umgekehrt wird in Deutschland die öffentliche Wahrnehmung dieser Länder immer stärker von traditionellen Ressentiments bestimmt: Den

182 Frankenberger, 2012

Griechen wird etwa unterstellt, an ihrer misslichen Situation selbst schuld zu sein, da dort Schlendrian, Korruption, Vetternwirtschaft und Desorganisation herrschten.[183] Den Gesellschaften Osteuropas wird wiederum vorgeworfen, an einem dem Staatssozialismus entstammenden autoritären Führungsstil festzuhalten. Aufgrund dieser Entwicklungen ist die EU nicht die »immer engere Union«, die sie zu sein vorgibt, sie belebt vielmehr alte europäische Spaltungen neu.

Entdemokratisierung

Die Kritik an der unzureichenden demokratischen Legitimation der europäischen Integration ist so alt wie diese selbst. Über lange Zeit hielt man nicht einmal eine direkt gewählte parlamentarische Kontrollinstanz für nötig. Ein direkt gewähltes Europäisches Parlament war zwar bereits in den Römischen Verträgen vorgesehen, die ersten Wahlen dazu fanden tatsächlich aber erst 1979 und damit 22 Jahre später statt, und noch immer fehlen dem Parlament wichtige Befugnisse. So hat es kein Initiativrecht zur Einbringung von Richtlinien und Verordnungen. Es kann daher einmal getroffene Entscheidungen aus eigener Initiative weder korrigieren noch rückgängig machen. Es hat auch keine Macht über die Einnahmen der EU und es kann den Kommissionspräsidenten nicht frei wählen, da der den Parlamentariern präsentierte Kandidat zuvor vom Europäischen Rat ausgewählt wird.[184]

Dieses grundlegende demokratische Defizit der EU ist aber alles andere als zufällig, es ist das Ergebnis der »deformierten Vergesellschaftung und deformierten Globalisierung – darin

183 Vgl. hierzu die Beispiele für diffamierende Berichterstattung in deutschen Medien über Griechenland in: Bickes u. a., 2012

184 Vgl. zur Geschichte des Europäischen Parlaments: Andreas Wehr, Die EU als demokratiefreie Herrschaftsarchitektur, in: Mies / Wernicke (Hrsg.), 2017, S. 154

zeigt und bestimmt sich ihr historischer Charakter, ihre gebrochene ›Modernität‹ und ihre historische Unangemessenheit.«[185] Es ist die EU, die bei der Negierung der europäischen Demokratien vorangeht: »Ihr Ziel war es, die Staaten des Nachkriegskapitalismus möglichst weit zurückzuschneiden, sie funktional auf die Ermöglichung und Erweiterung von Märkten zu reduzieren und sie institutionell unfähig zu machen, in die selbstregulierende Durchsetzung von Marktgerechtigkeit korrigierend einzugreifen. Vollständig obsiegen konnte sie allerdings erst im Zuge der Internationalisierung der europäischen politischen Ökonomie und der Umgestaltung des europäischen Staatensystems in ein Mehrebenensystem mit national eingegrenzter Demokratie und multinational organisierten Finanzmärkten und Aufsichtsbehörden – eine Konfiguration, die sich als ideales Vehikel einer Neutralisierung von politischem Druck von unten bei Ausweitung der privaten Vertragsfreiheit gegenüber staatlicher Kontrolle von oben seit langem bewährt hat.«[186]

Sozialabbau

Bereits bei der Gründung der Europäischen Gemeinschaft wurden die Binnenmarktfreiheiten – die des Kapital-, Waren-, Personen- und Dienstleistungsverkehrs – mit den Römischen Verträgen zum Kern der europäischen Integration. Man kann sie daher auch als die eigentliche Verfassung der Union bezeichnen. Es ist eine liberale Wirtschaftsverfassung, die mit der Einheitlichen Europäischen Akte und mit dem Vertrag von Maastricht ausgebaut und weiter gefestigt wurde. So wurden mit dem Vertrag von Maastricht alle Beschränkungen des Kapitalverkehrs bzw. des Zahlungsverkehrs »zwischen den Mit-

185 Gudopp, 1997, S. 67

186 Streeck, 2013, S. 158

gliedstaaten und dritten Ländern verboten«.[187] Seitdem kann sich kein Mitgliedsland mehr gegen einen ungewollten Zufluss bzw. gegen eine Abwanderung von Kapital schützen. Bis dahin waren die Staaten lediglich dazu verpflichtet, den Kapitalverkehr insoweit zu liberalisieren, wie es für das Funktionieren des Gemeinsamen Marktes notwendig war.

Mit dem Vertrag von Maastricht wurde auch die monetaristische Geld- und Konjunkturpolitik zu einem Bestandteil europäischen Vertragsrechts. Die Konvergenzkriterien der Wirtschafts- und Währungsunion legen die EU auf eine neoliberale Wirtschaftsordnung fest und schließen damit ein keynesianisches Vorgehen aus. Mit dem Stabilitäts- und Wachstumspakt sowie mit dem Fiskalpakt werden selbst kleinste Abweichungen von dieser monetaristischen Politik der Geldwertstabilität mit Sanktionen belegt. Der Sozialabbau wurde damit vertraglich festgeschrieben. Zugleich soll damit jeder Versuch, die bestehende kapitalistische Wirtschaftsordnung auch nur in Frage zu stellen, von vornherein unterbunden werden.

Eine solche Ordnung war bereits in den dreißiger Jahren von Friedrich August von Hayek, einem der Vordenker des Neoliberalismus, erdacht worden. Nach seiner Auffassung »gründeten die Probleme Europas im Aufstieg der Volkssouveränität und demokratischer Kontrolle über die Wirtschaftspolitik. Seine Lösung (…) war eine Europäische Föderation, welche den demokratischen ›Weg in die Knechtschaft‹ versperren würde, indem die europäischen Staaten vertragliche Verpflichtungen zur Beendigung öffentlicher demokratischer Kontrolle über die Wirtschafts- und Sozialpolitik eingehen. Seine brillante Erkenntnis war, dass unter internationalem Vertragsrecht die normalen parlamentarischen Gesetze und Politiken einzelner Staaten unterlaufen werden können. Somit kann ein

---

187 Vgl. Artikel 63 AEUV

Vertrag, der *innerstaatliche* Angelegenheiten betrifft, demokratische Politikgestaltung blockieren.«[188] Mit der EU sind diese Überlegungen Hayeks Realität geworden.

Wie den Kampf um die Veränderung führen?

Da eine demokratische Öffentlichkeit auf europäischer Ebene so gut wie nicht existiert, kann dort auch der Kampf um Demokratie und soziale Rechte nicht erfolgreich geführt werden. Es fehlt schon an einer gemeinsamen Sprache. Auch deshalb gibt es keine echten europäischen Medien. Zwar hat sich das Englische als moderne Verkehrssprache durchgesetzt, doch wenn es darauf ankommt, finden die entscheidenden politischen und kulturellen Diskurse in den jeweiligen Landessprachen statt und bleiben so voneinander isoliert.

Bei den »europäischen Parteien« handelt es sich nicht um Parteien im klassischen Sinne. Es sind lediglich »Parteienparteien«, bloße Zusammenfassungen der jeweils nationalen konservativen, sozialdemokratischen, liberalen, grünen und linken Parteien auf europäischer Ebene. Auch die Gewerkschaftsbewegungen der Mitgliedsländer arbeiten weitgehend isoliert voneinander. Unterschiedliche Traditionen, Organisationsformen und Rechtsordnungen, aber auch der Konkurrenzkampf der jeweils nationalen Industriestandorte behindern ein einheitliches Auftreten. Gemeinsamer Widerstand auf europäischer Ebene bleibt die Ausnahme.

Mitgliederparteien, handlungsfähige Gewerkschaften und Räume für öffentliche Auseinandersetzungen finden sich hingegen auf nationalstaatlicher Ebene. Nur dort existiert ein Mindestmaß an demokratischen Rechten. Rechte, die in langen und oft blutigen Auseinandersetzungen vor allem von der

---

188 Gowan, 2011, S. 21 f; vgl. auch die ausführliche Darstellung der Position von Hayek in: Streeck, 2013, S. 141 ff

Arbeiterbewegung erkämpft wurden. Zwar gibt es auch dort permanent Versuche, diese Rechte einzuschränken, aber auf nationaler Ebene existiert zumindest die Möglichkeit, diesen Angriffen organisiert entgegentreten zu können. Es wäre daher nur konsequent, wenn die Arbeiterbewegung und mit ihr alle fortschrittlichen Kräfte jeder weiteren Übertragung von Kompetenzen an die EU Widerstand leisten würden und für die Rückübertragung dorthin abgegebener Rechten einträten, denn jede Schwächung nationalstaatlicher Befugnisse reduziert zugleich ihre Einflussmöglichkeiten.

Was für die Abwehrkämpfe innerhalb kapitalistischer Gesellschaften gilt, trifft erst recht auf Veränderungen hin zum Sozialismus zu. Sie können nur auf der Ebene des Nationalstaats ansetzen, wo sie aber nicht stehen bleiben dürfen, zielt doch der Sozialismus, ebenso wie sein großer Widersacher, der Imperialismus, auf die Internationalisierung der Produktion, mit der Weltgesellschaft als langfristiger Perspektive. Schon für Karl Marx und Friedrich Engels stand fest, dass der Kampf um eine neue Gesellschaftsordnung als nationaler beginnen muss: »Obgleich nicht dem Inhalt, ist der Form nach der Kampf des Proletariats gegen die Bourgeoisie zunächst ein nationaler. Das Proletariat eines jeden Landes muss natürlich zuerst mit seiner eigenen Bourgeoisie fertig werden.«[189] Und Antonio Gramsci warnte davor, die geschichtliche Abfolge der einzelnen Entwicklungsschritte zu ignorieren, indem man den letzten Schritt – den »planmäßigen Aufbau einer friedlichen und solidarischen Arbeitsteilung« – vor dem ersten – das »Nationalisieren« der Klasse – macht.[190] Und bevor sich schließlich »die Bedingungen für eine Ökonomie nach einem weltweiten Plan herausbilden« können, wird es »regionale Kombinationen (von

189 Marx/Engels, 1983, S. 473

190 Gramsci, 1996, S. 1692

Gruppen von Nationen)«[191] fortschrittlicher Länder geben. Dies war in der Realität der Rat für Gegenseitige Wirtschaftshilfe (RGW) der sozialistischen Länder und ist gegenwärtig womöglich die Bolivarianische Allianz für die Völker unseres Amerika (ALBA).

Heute gilt es vor allem, die in der Euro-Krise unter Druck Kerneuropas geratenen südlichen Peripheriestaaten bei der Verteidigung ihrer Souveränitätsrechte zu unterstützen. Ihr Abwehrkampf stellt keineswegs einen Rückzug auf den Standpunkt eines bornierten Nationalismus dar, wie manche meinen. Eine solche Bewertung ignoriert, dass es zwei klar voneinander zu unterscheidende Nationalismen gibt: Einen aggressiven, der auf Unterdrückung anderer Staaten aus ist – dies ist der Nationalismus bzw. der Chauvinismus der kerneuropäischen Staaten –, und einen defensiven Nationalismus der schwachen Länder der Peripherie, die ihn benötigen, um ihre Souveränität zu verteidigen. Dabei ist es in diesen Ländern in erster Linie die Arbeiterbewegung, die für den Erhalt der Souveränitätsrechte eintritt. Die Bourgeoisien dort sind hingegen oft nur daran interessiert, ihre Stellung in der europäischen Hierarchie zu bewahren, und sei es nur in einer untergeordneten, abhängigen Position.

Der Widerstand der Viségrad-Länder Polen, Slowakei, Tschechien und Ungarn gegenüber einer EU-weiten Umverteilung von Flüchtlingen ist im Zusammenhang mit der Verteidigung des einem jeden souveränen Staat zustehenden Rechts zu sehen, selbst zu entscheiden, wer auf seinem Territorium leben darf.

Schließlich zielt der Austritt Großbritanniens aus der EU auf die Sicherung der nationalen Souveränität, da nur so der Vorrang britischen Rechts gegenüber dem der EU wiederher-

---

191 Ebenda

gestellt werden kann. Die von der Labour Party unter Jeremy Corbyn geplanten Rekommunalisierungen öffentlicher Unternehmen, von Bahn, Energieunternehmen und der Telekommunikation können nur außerhalb des Rechtsrahmens der EU realisiert werden. Der Austritt Großbritanniens eröffnet daher linken Kräften, die gegen den Neoliberalismus kämpfen, neuen Spielraum.

In Deutschland fordern im Unterschied dazu die Großunternehmen und die hinter ihnen stehenden Parteien CDU/CSU, SPD, FDP und Grüne »mehr Europa«. So verlangte etwa Josef Ackermann, der frühere Chef der Deutschen Bank, ganz offen die Entmachtung der nationalen Parlamente: »Die Europäische Währungsunion kann nur funktionieren, wenn der diskretionäre Handlungsspielraum der nationalen Regierungen und Parlamente eingeschränkt wird.«[192] Der frühere Außenminister Sigmar Gabriel erklärte: »Eine vertiefte Europäische Union ist ohne den Verzicht auf Teile der nationalen Souveränität nicht zu haben.«[193] Und Jürgen Trittin von den Grünen ergänzte: »Mehr Europa, nicht weniger!«[194] Mit »Pulse of Europe« ging sogar eine Bürgerbewegung in vielen europäischen Städten, vor allem aber in Deutschland, mit dem Ruf nach einer Vertiefung der Integration auf die Straße. Im Ergebnis laufen all diese Forderungen auf eine Schwächung der Demokratie hinaus: »Der Zweck des Ganzen, dessen Erreichung immer näher rückt, ist die Entpolitisierung der Wirtschaft bei gleichzeitiger Entdemokratisierung der Politik.«[195]

Politiker der Partei DIE LINKE und Gewerkschafter setzen sich für eine andere, soziale und demokratische EU ein. So for-

192 Ackermann, 2011

193 Gabriel, 2011

194 Trittin, 2010

195 Streeck, 2013, S. 164

dert Klaus Busch, europapolitischer Berater der Gewerkschaft ver.di, zur Lösung der Eurokrise einen »Supranationalisierungssprung«, was hieße: »Die Fiskalpolitik würde europäische Kompetenz, der EU-Haushalt wesentlich vergrößert und eine Europäische Wirtschaftsregierung installiert (werden).«[196]

Zusammen mit den Politikern Axel Troost und Harald Wolf von der Partei DIE LINKE, Gesine Schwan von der SPD, dem ver.di-Vorsitzenden Frank Bsirske u. a. formuliert Busch weitreichende Ziele zur Veränderung der EU.[197] Im Zentrum soll dabei die Schaffung einer »europäischen Ausgleichsunion« stehen, die sich als »Gegenpol zum heute vorherrschenden Modell einer ›Austeritätsunion‹ versteht«. Die Autoren fordern darüber hinaus »eine gemeinschaftliche Schuldenpolitik«. Sie wollen »Wege zu einer europäischen Sozialunion« gehen, die »eine europäische Arbeitsmarkt- und Beschäftigungspolitik«, eine »europäische Lohn- und Einkommenspolitik« sowie eine »europäische Koordinierung der sozialen Sicherungssysteme« einschließlich einer »Europäischen Arbeitslosenversicherung« umfassen soll.[198]

In dem vor allem von Gewerkschaftern initiierten Aufruf *Europa neu begründen* von 2012 heißt es ganz ähnlich: »Um eine Kooperation unterschiedlich produktiver Wirtschaften unter dem gemeinsamen Euro-Dach zu ermöglichen, ist es erforderlich, dass sich die EU zu einer Transferunion weiterentwickelt.«[199]

Der Sozialwissenschaftler Claus Offe verlangt eine »Umverteilung zwischen Staaten, Klassen und Generationen« im Rahmen der Europäischen Union. »Als Antwort auf beide Pro-

196 Busch, 2016, S. 79

197 Busch et al., 2016, S. 53

198 Vgl. Busch et al., 2016, S. 59 ff

199 Aufruf: »Europa neu Begründen«, 2012, www.europa-neu-begruenden.de/founding-europe-anew

bleme, das makroökonomische und das des sozialen Friedens, wird man auf Dauer nicht mit weniger auskommen als mit der Gewährung sozialer Ansprüche, die, unmittelbar durch EU-Recht sanktioniert, den Bürgern der EU in voller Gesamtheit zukommen und aus Mitteln der EU erfüllt werden.«[200] Der als wichtiger theoretischer Ratgeber der deutschen Gewerkschaftsbewegung und der SPD geltende Fritz Scharpf sieht solche Vorschläge hingegen als ungeeignet zur Lösung der Probleme an: »Der Versuch, die ökonomische Spaltung der Eurozone durch Transfers zu überwinden, könnte (…) statt des erhofften Wiederaufstiegs der exportschwachen Länder deren dauerhafte Subventionsabhängigkeit bewirken – verbunden mit handfesten politischen Verteilungskonflikten.«[201]

Eine »demokratische und soziale EU«, wie sie von einigen linken Politikern und Gewerkschaftern in Deutschland und anderen kerneuropäischen Ländern gefordert wird, ist zwar eine schöne Idee, doch leider »die Verhältnisse, sie sind nicht so«, um mit Bertolt Brecht zu sprechen. Angesichts der vorhandenen Machtverhältnisse in den Mitgliedstaaten sowie in der EU müssen sich die Befürworter einer progressiv gewendeten EU vielmehr nach der Realisierbarkeit ihres Wunsches befragen lassen. Mehr noch: Die Parole von einer »demokratischen und sozialen EU« ist als eine nicht realisierbare Utopie nur geeignet, Illusionen über die Reformierbarkeit der Union zu verbreiten. Objektiv führt sie daher zu einer weiteren Schwächung der demokratischen Rechte auf nationaler Ebene und spielt den neoliberalen Kräften in die Hände.

Die EU wird gegenwärtig weniger von links als von rechts infrage gestellt Die Kritik der Kräfte von Rechtsaußen an der

200 Offe, 2016, S. 179f

201 Scharpf, Der europäische Währungsverbund: Von der erzwungenen Konvergenz zur differenzierten Integration, in: Rüttgers/Decker, 2017, S. 198

EU und am Euro ist oft sehr laut, und es gelingt ihnen, damit bei Wahlen zu punkten. Anders sieht es aber aus, wenn diese Parteien an der Regierung sind. Dann wird oft aus der lauten sehr schnell eine kleinlaute Kritik. So war es etwa bei der österreichischen FPÖ. Forderte sie noch vor den Nationalratswahlen im Herbst 2017 eine Volksabstimmung über den Euro, so war nach ihrem Eintritt in die Regierung, davon nichts mehr zu hören. In Frankreich stellte die Vorsitzende des rechtsradikalen Front National, Marine Le Pen, nach der verlorenen Präsidentschaftswahl fest, dass ihr die Ablehnung des Euro geschadet habe. Diese Position wurde kurzerhand aus dem Programm gestrichen. In Deutschland spricht sich die AfD zwar entschieden gegen eine Transferunion aus, mit der EU hat sie aber grundsätzlich kein Problem. Den schrankenlosen Binnenmarkt hält sie ausdrücklich für eine gute Sache.[202]

Doch so wenig die rechten und rechtsextremen Kräften wirklich bereit sind, die Mitgliedschaft ihres jeweiligen Landes in der Eurozone oder gar in der EU infrage zu stellen, so ist es doch eine Tatsache, dass ihre Erfolge weitere Integrationsschritte erschweren bzw. unmöglich machen, etwa in der angestrebten Entwicklung einer EU-Migrationspolitik oder bei der Umwandlung des ESM in einen europäischen Währungsfonds. Hinzu kommt, dass mit dem europaweiten Niedergang der sozialdemokratischen Parteien eine wichtige Pro-EU-Kraft geschwächt wurde. Es ist daher nicht vorstellbar, dass es in absehbarer Zeit zu einer Reform der vertraglichen Grundlagen kommen könnte, mit der eine vertiefte Integration möglich wird, schließlich müsste ein solcher Änderungsvertrag von allen Mitgliedstaaten beschlossen werden. Dafür, dass dies gelingen könnte, spricht nichts. Das ist auch der Grund dafür, dass die minimalen Integrationsschritte, die zur Stärkung einer gemein-

202 Vgl. Wehr, 2018, S. 163 ff

samen Verteidigungspolitik führen sollen, lediglich im Rahmen einer »Ständigen strukturierten Zusammenarbeit«, zu der sich Mitgliedstaaten freiwillig zusammenschließen können, angegangen werden soll.

Je lauter die Kräfte von Rechtsaußen mit chauvinistischen Tönen gegen EU und den Euro Stimmung machen, umso mehr flüchten sich die in der Europäischen Linken (EL) zusammengeschlossenen Parteien in eine Pro-EU-Position. Ihr traditioneller Internationalismus ist längst zu einem Europäismus mutiert. Es ist die Angst vor dem Nationalismus »der tieferliegende Grund, warum die meisten Linken die Auflösung der Währungsunion so entschieden ablehnen«.[203] Auf diese Weise werden sie zu Verbündeten von Sozialdemokraten und Grünen. Die von ihnen erhobenen Forderungen nach einer »demokratischen, sozialen EU« liegen aber jenseits jeder Realisierungsmöglichkeit. Sie werden ihnen daher zu Recht nicht abgenommen. Und so zählt am Ende nur ihr »Ja zu Europa«. Europäische Linksparteien wie die Kommunistische Partei Frankreichs, die italienische Partei der Kommunistischen Wiedergründung (Rifondazione Comunista) und die DIE LINKE gehören daher inzwischen zum breiten Spektrum der Pro-EU-Parteien. Den rechten Kräften überlässt man auf diese Weise die grundsätzliche Kritik an Globalisierung und EU. Es gibt nur wenige linke Parteien, die in einer grundsätzlichen Opposition zur EU stehen. Zu nennen sind hier kommunistische Parteien in Griechenland, Italien, Portugal und Spanien sowie die französische Bewegung »Das widerspenstige Frankreich« (La France insoumise) unter Führung von Jean-Luc Mélenchon. Dazu zählen aber auch Linke in Großbritannien. Dort setzt sich etwa in der Labour Party die Strömung »Labour Leave« aktiv für den Brexit ein.

---

203 Perry Anderson, Das System Europa und seine Gegner, in: Le Monde diplomatique, März 2017, S. 6

Für die antikapitalistischen Kräfte in den Ländern der EU geht es auf absehbare Zeit nirgendwo um die Durchsetzung grundlegender gesellschaftlicher Veränderungen und schon gar nicht um den Kampf für einen Sozialismus. In der heutigen Situation kommt es zunächst darauf an, für den Erhalt der nationalstaatlich verankerten Demokratien einzutreten, auf deren Boden solche Auseinandersetzungen eines Tages überhaupt erst wieder ausgefochten werden können. Die Demokratien sind heute vor allem durch die EU gefährdet. Der Kampf gegen die EU ist daher, verbunden mit dem weltweiten Kampf gegen den Imperialismus, der Antikapitalismus der heutigen Zeit. Die linke britische Tageszeitung *Morning Star* beschrieb am Vortag der Abstimmung über den Brexit sehr genau worum es geht: »Eine Stimme für Verlassen bringt nicht heute den Sozialismus. Aber sie wäre ein Schritt hin zur Wiederherstellung von demokratischer Kontrolle über unsere Wirtschaft, und sie würde ein Hindernis für Fortschritt beseitigen.«

Was wird aus der Europäischen Union?

Angesichts der grundlegenden Krisen der Europäischen Union stellt sich die Frage »Was wird aus der EU?«. Ihre Fortentwicklung zu einer neuen Staatlichkeit, zu einer weiteren westlichen Supermacht neben den USA, kann inzwischen ausgeschlossen werden. Dies lassen schon – wie dargestellt – die Konkurrenzkämpfe zwischen ihren wichtigsten Mitgliedsländern nicht zu.

Mit dem Austritt Großbritanniens und damit eines ihrer wichtigsten Mitgliedsländer büßt die EU erheblich an Gewicht ein und verliert ihre Dynamik. Es geht nicht länger mehr allein, wie seit Gründung der Europäischen Gemeinschaften 1957, um die ständige Erweiterung der Union, um immer neue Mitglieder. Heute muss sie vielmehr bemüht sein, den fortschreitenden Erosionsprozess einzudämmen.

Gefahren für den Bestand drohen der EU in erster Linie aus der nicht ausgestandenen Eurokrise. Wenn die im Konkurrenzkampf mit dem prosperierenden Kerneuropa immer weiter zurückfallenden südlichen Peripherieländer für sich in der EU keine Entwicklungsmöglichkeiten mehr sehen, ist nicht länger auszuschließen, dass sie sich zur Aufgabe des Euros oder gar zum Verlassen der Union entscheiden. In Frage kommen dafür neben Griechenland Portugal, Zypern, Spanien, aber auch Italien. Damit käme es zu einem Rückbau einer überdehnten Union, die dann auf einen Kern hochentwickelter Länder beschränkt wäre.

Aber nicht nur die Veränderungen im Verhältnis zwischen Kern und Peripherie, sondern auch die Frage der Demokratie stellen die Existenz der EU als Ganzes infrage. Da – wie gezeigt – die Union bei der »Negierung der europäischen Demokratien« vorangeht, verliert sie dramatisch an Akzeptanz, werden Forderungen nach einem »Mehr an Europa« unpopulär und sind nicht mehr durchsetzbar. Eine Stagnation des europäischen Integrationsprozesses und auch Rückübertragungen von Unionskompetenzen auf die nationalstaatliche Ebene sind die Folge.

Es sind vor allem ostmitteleuropäische Mitgliedsländer, die heute Zuständigkeiten Brüssels ablehnen und deren Rückübertragung an die Nationalstaaten fordern, etwa in der Flüchtlingspolitik. Auch in den Niederlanden gibt es Bestrebungen, die Kompetenzen der Union zurückzudrängen. In einem »Subsidiaritätsbericht«, der gesellschaftlich breit unterstützt wird, werden 54 Punkte aufgelistet, über die in einem Verfahren zur Rückübertragung von Kompetenzen verhandelt werden soll, ohne dass dabei die Verträge geändert werden müssten.

Die Zukunft der EU als Ganzes hängt von den in ihren Mitgliedsländern herrschenden Machtverhältnissen ab. Als ein Staatenbündnis, das zur Bewahrung und Entwicklung der dem neoliberalen Wirtschaftssystem entsprechenden Prinzipien des freien Verkehrs von Waren, Personen, Dienstleistungen und Kapital eingerichtet wurde und diese quasi als seine Verfassung vertraglich verankert hat, steht und fällt die EU mit der Akzeptanz dieser Prinzipien innerhalb ihrer Mitgliedsländer. Als Bewahrerin einer liberalen, marktwirtschaftlichen Politik würde die Europäische Union denn auch im Zuge antikapitalistischer Veränderungen in einem oder in mehreren bedeutenden Mitgliedsländern ihre Basis und schließlich ihre Daseinsberechtigung verlieren.

Auf einem anderen Blatt steht jedoch, dass nach solchen Veränderungen schnell neue Formen europäischer Kooperation entstehen müssten, da die europäische Integration zwar Ausdruck einer deformierten, aber zugleich objektiven Vergesellschaftung der europäischen Ökonomien ist.

Literaturverzeichnis

Abelshauser, Werner (2011) *Deutsche Wirtschaftsgeschichte. Von 1945 bis zur Gegenwart,* zweite, überarbeitete und erweiterte Auflage, München

Abelshauser, Werner (2010) *Die zweite Entmachtung der Bundesbank,* in: Frankfurter Allgemeine Zeitung vom 21.5.

Ackermann, Josef (2011) *Die EU muss sich der Verfassungsdebatte stellen,* in: Frankfurter Allgemeine Zeitung vom 5.11.

Agartz, Viktor (1985) *Bemerkungen zum Programm der SPD (1959),* zitiert nach: Hans Willi Weinzen (Hrsg.) *Viktor Agartz, Partei, Gewerkschaft und Genossenschaft,* Frankfurt a. M.

Anderson, Perry (2017) *Das System Europa und seine Gegner,* in: Le Monde diplomatique, Ausgabe März

Basler Zeitung vom 8.4.2012, *Sarkozy droht EU mit »Politik des leeren Stuhls«*

Baum-Ceisig, Alexandra / **Busch**, Klaus / **Nospickel**, Claudia (2007) *Die Europäische Union. Eine Einführung in die politischen, ökonomischen und sozialen Probleme des erweiterten Europa,* Baden-Baden

Beckmann, Martin / **Bieling**, Hans-Jürgen / **Deppe**, Frank (Hrsg.) (2003) *»Eurokapitalismus« und globale politische Ökonomie,* Hamburg

Beichelt, Timm (2004) *Die Europäische Union nach der Osterweiterung,* Wiesbaden

Bickes, Hans u. a. (2012) *Die Dynamik der Konstruktion von Differenz und Feindseligkeit am Beispiel der Finanzkrise Griechenlands: Hört beim Geld die Freundschaft auf?,* München

Bieling, Hans-Jürgen (2000) *Hegemoniale Projekte im Prozess der europäischen Integration,* in: Hans-Jürgen Bieling / Jochen Steinhilber (Hrsg.) *Die Konfiguration Europas. Dimensionen einer kritischen Integrationstheorie,* Münster

Bieling, Hans-Jürgen / **Deckwirth**, Christina / **Schmalz**, Stefan (Hrsg.) (2007) *Die Reorganisation der öffentlichen Infrastruktur in der Europäischen Union,* Studien der Forschungsgruppe Europäische Integration Nr. 25, Marburg

Binus, Gretchen (2006) *Konzernmacht in der Europäischen Union*. Studie im Auftrag der Fraktion DIE LINKE. im Deutschen Bundestag, Berlin

Binus, Gretchen (2010) *Europäische Union: Konzernentwicklung und EU-Außenpolitik. Eine Studie zu Entwicklungstrends in wirtschaftlichen Schlüsselbereichen der EU*, Fraktion DIE LINKE. im Deutschen Bundestag, Berlin

Brunn, Gerhard (2002) *Die Europäische Einigung*, Stuttgart

Bsirske, Frank / **Deppe**, Frank / **Lindner**, Stephan / **Skarpelis-Sperk**, Sigrid u. a. (2006) *Die EU-Dienstleistungsrichtlinie. Ein Anschlag auf das europäische Sozialmodell*, Hamburg

Busch, Klaus (1996) *Nicht reif für eine gemeinsame Währung. Die Europäische Währungsunion und die Gefahr eines Lohn- und Sozialdumpings*, in: Joachim Schuster / Klaus-Peter Weiner (Hrsg.) *Maastricht neu verhandeln*, Köln

Busch, Klaus / **Troost**, Axel / **Schwan**, Gesine / **Bsirske**, Frank u. a. (2016) *Europa geht auch solidarisch!*, Hamburg

Busse, Nikolas (2009) *Die Entmachtung des Westens. Die neue Ordnung der Welt*, Berlin

Busse, Nikolas (2011) *Der nächste Konvent. Zur Defizitabwehr will Berlin die Verträge ändern*, in: Frankfurter Allgemeine Zeitung vom 22.10.

Busse, Nikolas (2013) *Die Niederlande geben die alte EU-Politik auf und fordern mehr nationale Entscheidungen*, in: Frankfurter Allgemeine Zeitung vom 4.7.

Canfora, Luciano (2012) *Zeitenwende 1956. Entstalinisierung, Suez-Krise, Ungarn-Aufstand*, Köln

Cecchini, Paolo (1988) *Europa '92. Der Vorteil des Binnenmarktes*, Baden-Baden

Coudenhove-Kalergi, Richard N. (1977): *Pan-Europa*, zitiert nach: Reinhard Opitz (Hrsg.) *Europastrategien des deutschen Kapitals 1900-1945*, Köln

Deppe, Frank (Hrsg.) (1975) *Europäische Wirtschaftsgemeinschaft (EWG). Zur politischen Ökonomie der westeuropäischen Integration*, Reinbek

Deppe, Frank (1993) *Von der »Europhorie« zur Erosion – Anmerkungen zur Post-Maastricht-Krise der EG*, in: Forschungsgruppe Europäische Gemeinschaften (FEG), Arbeitspapier Nr. 10, Marburg

Deppe, Frank (1996) *Deutsche Politik vor Maastricht II*, in: Gretchen Binus (Hrsg.) *Internationalisierung, Finanzkapital, Maastricht II*: aktuelle Entwicklungstendenzen und Alternativen. Beiträge einer Tagung von IMSF e. V., Frankfurt a. M.

Der Spiegel vom 27.9.2010, *Der Preis der Einheit*

Der Spiegel vom 7.5.2012, *Operation Selbstbetrug*

DGB-Bundesvorstand (1997) *Währungsunion ja – aber auf die Ausgestaltung kommt es an! Gewerkschaftliche Thesen zur europäischen Wirtschafts- und Währungsunion*

Dräger, Klaus / **Wagenknecht**, Sahra (2005) *Der Bolkesteinhammer muss weg! Europa braucht zukunftsfähige Dienstleistungen*, in: PDS-Delegation in der GUE/NGL im Europäischen Parlament (Hrsg.), Brüssel

Dräger, Klaus / **Wehr**, Andreas (2010) *Die EU und die Krise »Die ewige Wiederkehr des Gleichen«*, in: Jürgen Klute (Hrsg.) *Jeder gegen Jeden?* Supplement der Zeitschrift Sozialismus 1/2010, Hamburg

Ellwein, Thomas (1973) *Das Regierungssystem der Bundesrepublik Deutschland*, dritte, neubearbeitete und erweiterte Auflage, Opladen

Erler, Gernot (2011): *Ein absolutes Desaster*, in: Frankfurter Allgemeine Zeitung vom 2.11.

Eurostat (2004) *Living Conditions in Europe, Statistical Pocketbook, Data 1998-2002*, Luxemburg

Frankenberger, Klaus-Dieter (2012) *Große Verunsicherung – wie die Krise Europa verändert*, in: FAZ vom 7.4.

Frankfurter Allgemeine Zeitung vom 2.3.1996, *SPD fordert »Bündnis für Arbeit«*

Frankfurter Allgemeine Zeitung vom 28.5.1999, *Deutsch-französische Initiative für Stabilität auf dem Balkan*

Frankfurter Allgemeine Zeitung vom 3.9.2009, *EU macht weniger Gesetze als angenommen*

Frankfurter Allgemeine Zeitung vom 19.3.2010, *Statistik der Auslandsverschuldung in Prozent der gesamten Staatsverschuldung*

Frankfurter Allgemeine Zeitung vom 8.5.2010, *Griechenland fehlt eine eigene Industrie*

Frankfurter Allgemeine Zeitung vom 14.6.2010, *In der Politik und im Geldhandel wächst die Sorge um Spanien*

Frankfurter Allgemeine Zeitung vom 2.10.2010, *Was hier vorher geschah. Geschichten von Europa, der launischen Prinzessin*

Frankfurter Allgemeine Zeitung vom 6.7.2011, *Die 100 Größten Unternehmen in Deutschland, Europa und der Welt.* 53. Folge

Frankfurter Allgemeine Zeitung vom 1.8.2011, *Spaniens Himmel*

Frankfurter Allgemeine Zeitung vom 4.1.2012, *Die deutsche Rolle im Jugoslawien-Prozess*

Frankfurter Allgemeine Zeitung vom 26.1.2012, *Stolz und Scham*

Frankfurter Allgemeine Zeitung vom 21.2.2012, *Bulgariens schwere Aufholjagd*

Frankfurter Allgemeine Zeitung vom 11.6.2012, *Investoren bleiben Osteuropa treu*

Frankfurter Allgemeine Zeitung vom 6.5.2016, *Budapest, Warschau und Prag gegen EU-Plan zu Flüchtlingsverteilung*

Frankfurter Allgemeine Zeitung vom 9.6.2017, *Im Westen ist es gefährlich*

Frankfurter Allgemeine Zeitung vom 19.8.2017, *Die Tragik der Europäischen Währungsunion*

Frankfurter Allgemeine Zeitung vom 6.9.2017, *Draghis Hypothek*

Frankfurter Allgemeine Zeitung vom 15.12.2017, Wo Tusk recht hat

Gabriel, Sigmar (2011) *Europa braucht tiefere Integration*, in: Die Zeit vom 15.9.

Gehler, Michael (2010) *Europa. Ideen, Institutionen, Vereinigung*, München

Gowan, Peter (2011) *The State of the Union – the global context*, paper presented on the 11th workshop on Alternative Economic Policy in Europe, Brussels 2005, zitiert nach: Klaus Dräger, *Europäische Wirtschaftsregierung*, in: Widerspruch 61

Gramsci, Antonio (1996) *Gefängnishefte*, Band 7, Hamburg

Gudopp, Wolf-Dieter (1995) *Das Maß der Epoche*, in: Wissenschaft & Sozialismus, 1 & 2, Frankfurt a. M.

Gudopp, Wolf-Dieter (1997) *Der Imperialismus und ›die Periode der Weltkriege‹*, in: Marxistische Blätter 3-97

Gudopp-von Behm, Wolf-Dieter (2008) *Europa – Bilder und Wirklichkeit*, in: Topos – Internationale Beiträge zur dialektischen Theorie, Heft 29, Napoli

Habermas, Jürgen (2001) *Warum braucht Europa eine Verfassung?*, in: Die Zeit, Nr. 27

Hallstein, Walter (1973) *Die Europäische Gemeinschaft*, Düsseldorf/Wien

Hantke, Martin (2006) *Strukturen und Funktionen der EU-Außenpolitik*, in: Tobias Pflüger/Jürgen Wagner (Hrsg.), *Welt-Macht Europa. Auf dem Weg in weltweite Kriege*, Hamburg

Hantke, Martin/**Wagner**, Jürgen (2010) *Europas neue Diplomatie der Macht*, in: Blätter für deutsche und internationale Politik 8/2010

Hockenos, Paul (2018) *Der neue Ostblock*, in: Internationale Politik und Gesellschaft, Berlin

Hofbauer, Hannes (2003) *Osterweiterung. Vom Drang nach Osten zur peripheren EU-Integration*, Wien

Hollande, François (2012) *Hüten Sie sich vor voreiligen Prognosen*, in: Frankfurter Allgemeine Zeitung vom 21.4.

Huffschmid, Jörg (1994) *Wem gehört Europa?*, Band 1. Wirtschaftspolitik in der EG, Heilbronn

Huffschmid, Jörg (1997) *Altes Denken in Amsterdam*, in: Blätter für deutsche und internationale Politik 9/97

Huffschmid, Jörg (2002) *Politische Ökonomie der Finanzmärkte*, Hamburg

Issing, Otmar (2008) *Der Euro und die politischen Risiken*, in: Frankfurter Allgemeine Zeitung vom 6.12.

Jung, Heinz/**Schleifstein**, Josef (1979) *Die Theorie des staatsmonopolistischen Kapitalismus und ihre Kritiker*, Frankfurt a. M.

Karras, Anne/**Schmidt**, Ingo u. a. (2004) *Europa: lieber sozial als neoliberal.* Attac Basis Texte 11, Hamburg

Kronauer, Jörg (2012) *Analyse. Ökonomisch und politisch hat Paris der Dominanz Berlins wenig entgegenzusetzen. Zum Stand der deutsch-französischen Beziehungen*, in: junge Welt vom 23.5.

Läufer, Thomas (1994) *Einführung*, in: Europäische Union, Europäische Gemeinschaft. Die Vertragstexte von Maastricht mit den deutschen Begleittexten, 3. Auflage, Bonn

Lambert, John (1992) *EG – Weltmacht oder Zivilmacht?*, in: Katrin Fuchs / Joachim Schuster (Hrsg.), *Zwischen Nationalstaat und Globalpolitik*, Köln

Landefeld, Beate (2008) *Finanzgetriebener Kapitalismus – Was macht eigentlich die Bourgeoisie?* (www.neue-impulse-verlag.de/veroeffentlichungen/masch-skripte/16-finanzgetriebener-kapitalismus-was-macht-eigentlich-die-bourgeoisie.html)

Landefeld, Beate (2010) *Europäisiert sich die Bourgeoisie?*, in: Marxistische Blätter, 1-2010

Latzo, Anton (2004) *Die Osterweiterung der EU im internationalen Kräfteringen*, in: Marxistische Blätter 1-2004

Loth, Wilfried (2007) *Der Weg nach Rom – Entstehung und Bedeutung der Römischen Verträge*, in: Integration 1/2007

Lützler, Paul Michael (Hrsg.) (1982) *Europa – Analysen und Visionen der Romantiker*, Frankfurt a. M.

Marinos, Giorgos (2011) *Die kapitalistische Krise in Griechenland und der Kampf der Kommunisten*, in: Marxistische Blätter 6-2011

Marischka, Christoph (2011) *Deutsche Beteiligung an zweifelhaften EU-Missionen in der Demokratischen Republik Kongo*, in: Informationsstelle Militarisierung (IMI), Analyse 2011/026 (www.imi-online.de/2011/07/06/deutsche-beteiligung-2)

Marx, Karl / **Engels**, Friedrich (1983) *Manifest der Kommunistischen Partei*, in: MEW 4, Berlin

Merkel, Angela (2012) *Auch Deutschlands Kräfte sind nicht unbegrenzt*, in: Frankfurter Allgemeine Zeitung vom 15.6.

Mies, Ulrich / **Wernicke**, Lutz (Hrsg.) (2017) *Fassadendemokratie und tiefer Staat. Auf dem Weg in ein autoritäres Zeitalter*, Wien

Monnet, Jean (1978) *Erinnerungen eines Europäers*, München

Naumann, Friedrich (1977a) *Das Ideal der Freiheit*, Berlin 1908, zitiert nach: Reinhard Opitz (Hrsg.) *Europastrategien des deutschen Kapitals 1900-1945*, Köln

Naumann, Friedrich (1977b) *Mitteleuropa*, in: Reinhard Opitz, *Europastrategien des deutschen Kapitals 1900-1945*, Köln

Niess, Frank (2001) *Die europäische Idee. Aus dem Geist des Widerstands*, Frankfurt a. M.

Norman, Peter (2003) *The Accidental Constitution. The Story of the European Convention*, Brüssel

Novalis (Friedrich von Hardenberg) (2010) *Die Christenheit oder Europa* (geschrieben 1799), zitiert nach: Michael Gehler, *Europa. Ideen, Institutionen, Vereinigung*, München

Oberansmayr, Gerald (2004) *Auf dem Weg zur Supermacht. Die Militarisierung der Europäischen Union*, Wien

Offe, Claus (2016): *Europa in der Falle*, Berlin

Opitz, Reinhard (Hrsg.) (1977) *Europastrategien des deutschen Kapitals 1900-1945*, Köln

Opitz, Reinhard (1996) *Faschismus und Neofaschismus*, Bonn

Pauwels, Jacques (2006) *Der Mythos vom guten Krieg. Die USA und der 2. Weltkrieg*, Köln

Pflüger, Tobias / **Wagner**, Jürgen (Hrsg.) (2006) *Welt-Macht Europa. Auf dem Weg in weltweite Kriege*, Hamburg

Prantl, Heribert (2012) *Wichtiger als der Euro*, in: Süddeutsche Zeitung vom 20.6.

Presser, Jacques (1979) *Napoleon – Die Entschlüsselung einer Legende*, Hamburg

Priewe, Jan (1997) *Am Ende soll 0,0 stehen*, in: Freitag vom 29.8.

Rühl, Lothar (2010) Europa und der Friede, Anmerkungen zu einer Mythologie, in: Frankfurter Allgemeine Zeitung vom 25.6.

Rüttgers, Jürgen / **Decker**, Frank (Hrsg.) (2017) *Europas Ende, Europas Anfang*, Frankfurt a. M.

Schäuble, Wolfgang / **Lamers**, Karl (1994) *Überlegungen zur europäischen Politik* vom 1. September (www.cducsu.de/upload/schaeublelamers94.PDF)

Schüssel, Wolfgang (2006) *Die Kernbotschaft Europas finden Sie auf jedem Dorffriedhof*, Gespräch mit dem österreichischen Bundeskanzler und EU-Ratsvorsitzenden, in: Frankfurter Allgemeine Zeitung vom 9.6.

Schwarze, Jürgen (Hrsg.) (2009) *EU-Kommentar*, Baden-Baden

Sinn, Hans-Werner (2016) *Der schwarze Juni. Brexit, Flüchtlingswelle, Euro-Desaster – Wie die Neugründung Europas gelingt*, Freiburg

Starbatty, Joachim (2013) *Tatort Euro. Bürger, schützt das Recht, die Demokratie und euer Vermögen*, Berlin

Steinitz, Klaus (2001) *EU-Osterweiterung – Chancen und Risiken*, in: Heinz Bierbaum / Joachim Bischoff / Frank Deppe / Jörg Huffschmid / Klaus Steinitz, *Soziales €uropa*, Hamburg

Stern vom 2.3.2012, *Kanzlerin Merkel bleibt im Krisenmodus*

Streeck, Wolfgang (2013), *Gekaufte Zeit, Die vertagte Krise des demokratischen Kapitalismus*, Berlin

Trittin, Jürgen (2010) *Mehr Europa, nicht weniger*, in: Jungle World Nr. 29 vom 22.7.

Weizsäcker, Richard von (2001) *Drei mal Stunde Null. 1949, 1969, 1989*, Berlin

Wehr, Andreas (2004) *Europa ohne Demokratie? Die europäische Verfassungsdebatte – Bilanz, Kritik und Alternativen*, Köln

Wehr, Andreas (2006) *Das Publikum verlässt den Saal. Nach dem Verfassungsvertrag: Die EU in der Krise*, Köln

Wehr, Andreas (2011) *Griechenland, die Krise und der Euro*, zweite, aktualisierte und ergänzte Neuauflage, Köln

Wehr, Andreas (2013) *Der europäische Traum und die Wirklichkeit*, Köln

Wehr, Andreas (2016) *Der kurze griechische Frühling. Das Scheitern von SYRIZA und seine Konsequenzen*, Köln

Wehr, Andreas (2018) *Europa, was nun? Trump, Brexit, Migration und Eurokrise*, Köln

Weidenfeld, Werner (Hrsg.) (1995) *Reform der Europäischen Union. Materialien zur Revision des Maastrichter Vertrages*, Gütersloh

Welti, Felix (2005) *Die kommunale Daseinsvorsorge und der Vertrag über eine Verfassung für Europa*, in: Archiv des öffentlichen Rechts, Band 130

Zellentin, Gerda (1996) *Die Europäische Währungsunion – Fortschritt oder Rückschritt für die Integration?*, in: Joachim Schuster / Klaus-Peter Weiner (Hrsg.), *Maastricht neu verhandeln*, Köln

Ziltener, Patrick (2002) *Wirtschaftliche Effekte des EU-Binnenmarktprogramms*, CeGE-Discussion Paper 15, Georg-August-Universität Göttingen